T0054771

LA BIPOLARIDAD
COMO DON

Eduardo Horacio Grecco

LA BIPOLARIDAD COMO DON

CÓMO TRANSFORMAR LA INESTABILIDAD EMOCIONAL EN UNA BENDICIÓN

Ediciones Continente

editorial **K**airós

Numancia, 117-121
08029 Barcelona
www.editorialkairos.com

© 2009 Eduardo H. Grecco

© de la edición española:
2010 Editorial Kairós, S.A.
www.editorialkairos.com

Corrección: Susana Rabbufeti Pezzoni
Diseño de interior: Carlos Almar
Diseño de cubierta: www.gomezventura.com

Primera edición: Marzo 2010
Octava edición: Enero 2023

ISBN: 978-84-7245-744-7
Depósito legal: B-37.854/2011

Impresión y encuadernación: Ulzama digital

A mis hijos
Hernán, María y Bárbara,
que a pesar de las inclemencias
de mi paternidad me aman

A mi madre,
que lucha incansablemente
por un mundo mejor

A Lili,
que me acompaña tratando
de comprender aun las cosas
que son incomprensibles para mí

Y a Juan Antonio y María Ester,
cuyo modo de amarse mutuamente
reconforta mi fe en el amor

PRÓLOGO

Estamos ante un libro verdaderamente psicoterapéutico. ¿Por qué? Simplemente porque a través de la lectura de cada frase y cada párrafo, se va viajando al interior de sí mismo, encontrándose y reconociéndose a cada instante. Muchos conceptos contenidos en este trabajo van iluminando –como estrellas que parecen brillar más cuanto más oscura está la noche– los rincones más ocultos de nuestras "habitaciones": el cuerpo, la psique, el espíritu o el alma.

Efectivamente, en este libro se muestran con mayor claridad muchos de nuestros secretos y vericuetos afectivos, pero con una gran ventaja: al reconocernos, pero sobre todo al descubrir nuestra afectividad, ya no los nombraremos con esa dura y pesada carga de sentirnos enfermos, al contrario, simplemente iremos dándonos cuenta de cómo somos, cómo estamos hechos y nutridos de un gran mundo emocional, sin etiquetarlos con elocuentes términos psicopatológicos, que muchas veces tienen un carácter excluyente y descalificador de lo que se siente, de lo que se vive con alegría, tristeza o enojo.

Tal vez, mi amigo Eduardo Grecco me ha brindado el privilegio de escribir este prólogo porque observó, con esa agudeza clínica que lo caracteriza, que él y yo tenemos un punto en común: la bipolaridad. Pero ahora entiendo, gracias a su libro, no patológica.

A la bipolaridad, para instrumentarla, hay que registrarla y sobre todo, como bien lo descubre y desarrolla él en este trabajo, hay que valorarla.

Este libro tiene muchas virtudes desde el inicio hasta el epílogo. Algunas de ellas quiero subrayarlas y seguramente los lectores encontrarán más de las que aquí mencionaré. Veamos.

Para empezar, el tema de gran actualidad. Cada vez se registran más casos de psicopatología en personas que oscilan entre estados de extrema tristeza y extrema euforia, con sus respectivas consecuencias individuales, familiares, sociales y económicas. Qué mejor que actualizarse sobre el tema para además de ayudarse a sí mismo, ayudar al prójimo con una mayor comprensión del fenómeno, para abordarlo de una manera más eficaz.

El tema tiene sumo interés, porque atraviesa o se mantiene simultánea o subyacentemente, en muchos casos, ligado a problemáticas actuales como la farmacodependencia, la anorexia, la bulimia y diversos trastornos psicosomáticos.

Ahora bien, no basta hacer referencia de una problemática sobre los estados afectivos, también hace falta describirlos con nitidez y profundidad científica. Éste es el caso de Eduardo Grecco. Hay que agradecer su estilo claro, profundo, fácil, amable y, lo reitero, terapéutico. Sobre todo, tal como él entiende la psicoterapia, como un medio de acompañamiento honesto, afectuoso y comprometido con el paciente, y así mismo lo hace con el lector de su obra. Al grado que incluso podría llamarnos a la dependencia, porque lo que sucede es que cuesta trabajo desprenderse del libro. Una vez que se comienza a leer, difícilmente se lo pueda dejar y cuando se ha terminado, se siente un extraño pesar de alivio y melancolía y el deseo de repetir la experiencia de leerlo cuantas veces sea necesario, hasta quizá saciarse de él.

Grecco señala como virtud el oscilar de un estado afectivo a otro. El movimiento es, al fin y al cabo, signo de la vida. Eso mismo hace él, como terapeuta y como autor, entre dos mundos que une de manera sencilla y constante. Oscila entre la ciencia y la poesía. Reconoce la virtud de la metodología de la clasificación clínica y al mismo tiempo le da la palabra a los poetas para que describan para el mundo lo que la ciencia psicológica ha conceptualizado.

En este trabajo, todo aquel estudioso de la Psicopatología podrá encontrar una excelente descripción y clasificación de cada uno de los estados afectivos contenidos en los textos de la Psiquiatría y Psicopatología clásicas.

Aunque el autor nos advierte que su concepto de bipolaridad no equivale al de los clásicos de la Psiquiatría, yo diría que más bien lo incluye y lo trasciende, en la medida en que toma en cuenta la oscilación bipolar no sólo como un gran padecimiento, sino también como una gran palanca de crecimiento y creatividad para el desarrollo del sujeto que la vive. Lo que hace Grecco es descubrir los silencios –muestra de una vida sofocada por un deber ser imposible– y promover la libre expresión de los afectos para que se articulen en un proyecto de vida o, como él bien dice, en un eje interior que posibilite la creatividad y conduzca a un estado al que, retomando a Jung, lo llama plenitud.

Hay que reconocer otro gran ejercicio. Integra diversas posturas teóricas y técnicas asimiladas no en un eclecticismo acomodaticio, sino siempre al servicio del paciente, en una gran coherencia interna y distinguiendo lo esencial de lo complementario.

Finalmente, escribir en un tono propositivo sobre un cuadro que está sellado y marcado con la cruz de la pena, la oscuridad y la desgracia, es motivo de una reflexión sobre la forma de entender y abordar las psicopatologías, casi siempre enmarcadas en la desventaja y la descalificación. Esto es probablemente reforzado por una sociedad, donde tanto el grupo médico y psicológico, como los "enfermos", han caído en una psicopatologización de los estilos o formas de vida de las personas, atravesando con ello los límites del comportamiento sano y necesario para el desarrollo de una comunidad.

Así pues, hay que tolerar la tristeza y aceptar la alegría, ya que tienen su propio ritmo de expresión, y siempre y cuando no se permanezca en los extremos, son un don que a través de este libro el lector podrá descubrir.

Dr. Fernando Bilbao Marcos
Decano de la Facultad de Psicología
Universidad de Morelos

México, julio de 2003

NOTA PRELIMINAR

La bipolaridad no es una enfermedad, por lo menos en el sentido de ser algo negativo, un mal que es necesario suprimir o un castigo que hay que soportar. Por el contrario, es una conducta plena
de sentido, fruto de una creencia equivocada, una condición au-
toinducida en la cual se permanece atrapado, pero que es posible
dejar atrás.

Ocurre algo curioso con las creencias: funcionan como automa-
tismos, como supuestos que se dan por hechos y sobre los cuales ya
no nos interrogamos ni reflexionamos. De modo que se convierten
en puntos de vista sobre la realidad que no admiten discusión. Pero
para superar un problema hay que buscar soluciones diferentes, cambiar la mirada con la cual se intenta resolverlo y no insistir por los
mismos caminos que no han dado resultado.

A medida que se vayan leyendo las páginas de este libro, se podrá ir conociendo el contenido con el cual intento llenar el concepto de *enfermedad*. De manera que en cada oportunidad en que apa-
rezca este término hay que tener en cuenta que lo uso con un significado diferente del que, habitualmente, le dan la Psiquiatría y la
Medicina.

E. H. G.

INTRODUCCIÓN

*Muchas veces, ante una dolencia se pone en marcha
un mecanismo de compensación que hace
que el individuo responda creativamente.*

Oliver Sacks

*Es que quiero sacar
de ti tu mejor tú.
Ese que no te viste y que yo veo,
nadador por tu fondo, preciosísimo.*

Pedro Salinas

Hace tiempo escribí un libro, *Los afectos están para ser senti-dos*. En ese momento estaba alentado por la intención de dar cuenta de la naturaleza y de los procesos específicos del padecer *bipolar*. Era una estación de mi vida en la cual luchaba por curar esa herida en mi alma, al mismo tiempo que una fuerte necesidad me impulsaba a modelar en palabras mi experiencia personal, aún palpitante y en la cual parecía estar, por momentos, "atrapado sin salida".

Esta sensación de no poder escapar a un destino, que se repite una y otra vez, no es una metáfora literaria sino una cruda realidad que se experimenta hondamente y que inunda la conciencia, al punto de que se transforma en la única opción que se visualiza como posible en la existencia. Esto no significa que esta creencia sea verdad sino, por el contrario, es una ilusión que forma parte de las trampas con que la misma enfermedad acecha a la persona que la lleva a cuestas.

Atrapado, amarrado, sentir que se está a merced de "algo" que nos domina, posee y manipula, como si fuéramos marionetas cuyos hilos opera vaya a saber quién, es parte de una vivencia de aniquilación de la autonomía y de la pérdida de la identidad, que penetra muy profundamente en el corazón de la estructura y la historia del paciente bipolar. De ese modo, al dejar de sentirse autónomo, al no saber muy bien quién se es y al vivir la falta de libertad como un destino, el bipolar reacciona, alternadamente, ya con la negación extrema de la *manía*, o con la resignación total de la *depresión*.

Ahora bien, el camino que conduciría a romper este circuito, en el que la persona cree estar prisionera, es el contacto con una productiva relación de amor (a otra persona, a un proyecto) que restaure la estima perdida y que le dé el eje que necesita para que su oscilación se convierta en un vaivén constructivo y no en un sufrimiento. Pero, ¿cómo lograrlo?

De esto es de lo que deseo hablar en este libro, que es una nueva versión sobre el mismo tema de *Los afectos están para ser sentidos*, una relectura, de mi parte, fundada en una perspectiva diferente. *"Cambiamos incesantemente –escribe Borges– y es dable afirmar que cada lectura de un libro, que cada relectura, cada recuerdo de esa relectura, renuevan el texto. También el texto es el cambiante río de Heráclito"*. **Una perspectiva, desde esta relectura de mi propia obra, que considera a la bipolaridad no como un obstáculo, sino como un camino de aprendizaje y crecimiento, no como una desventaja sino como un conjunto de talentos que, bien llevados, inclusive, pueden conducir a la genialidad. Una genialidad alcanzada, no por haber logrado superar y sanar la bipolaridad, sino como el fruto de la propia naturaleza "oscilante".** En suma, no a pesar de ella, sino *gracias a* ella. Por lo tanto, ésta es una versión que aporta razones para bendecir la bipolaridad y por eso lleva el título que lleva.

¿Qué fue lo que me condujo al cambio en la forma de pensar la *bipolaridad*? Fundamentalmente la insuficiencia de resultados en la práctica clínica, el hecho de que las personas bipolares –aun con excelentes tratamientos y medicaciones– seguían sufriendo, generando crisis y hundiéndose, cada vez más, en el abismo de la resignación y el temor.

En algún punto de este proceso de observación de la realidad, pude darme cuenta de que no había que seguir insistiendo en la búsqueda de nuevas técnicas para abordar el tratamiento de la bipolaridad. Que el problema no es el uso de una tecnología inadecuada, sino que eran los modelos de comprensión del problema bipolar los que estaban fallando; que había que aventurarse a construir nuevos y diferentes paradigmas para orientar el trabajo con estos pacientes.

Un nuevo paradigma

El punto de partida es que cada síntoma no sólo es la manifestación externa de un conflicto y el producto de la supresión de un afecto, sino también el resultado de una potencialidad que transita por caminos equivocados.

Así, al indagar sobre la bipolaridad, se puede descubrir que la oscilación emocional va acompañada de una serie de talentos que, al no ser desarrollados como tales, se convierten en afección.

Algunos de ellos son:

* capacidad creativa,
* pensamiento lateral a la hora de resolver problemas,
* imaginación activa,
* intuición,
* empatía para las relaciones humanas,
* manejo de matices emocionales,
* pensamiento en imágenes,
* curiosidad por explorar y aprenderlo todo,

- mirada holística de la vida,
- capacidad para armar bricolages mentales (relacionar cosas y conceptos aparentemente irreconciliables entre sí) y
- ser "personas de recursos" ante las situaciones y adversidades de la vida.

Claro está que uno puede plantearse por qué, disponiendo de tal dispositivo, las personas bipolares parecen no poder escapar de ese esquema de reiteración cíclica de inestabilidad extrema. Sin embargo, las cosas no son así, ya que la inestabilidad y la ciclicidad extrema sí pueden sanarse.

La creencia "en la no-salida" de esta condición se debe a que muchos profesionales de la salud y la educación tratan a los pacientes bipolares con una concepción equivocada, como si fueran enfermos con una "patología sin esperanza", esclavos de una situación que deben aceptar con resignación.

Sin embargo, **la inestabilidad emocional, que llamamos bipolaridad, es más el fruto de la falta de comprensión acerca de las virtudes de la oscilación, que de una estructuración patológica en sí misma.** Si se ha convertido en una desventaja en la vida de una persona es porque ha sido tratada, desde el inicio, como tal y no porque realmente lo sea. De esta manera, la bipolaridad no debe considerarse como una etiqueta limitante sino como el resultado de un prejuicio con que la terapéutica y la sociedad estigmatizan algo de lo cual no comprenden su esencia.

La báscula mental

La bipolaridad es semejante a la dislexia. La dislexia es, en el aprendizaje, lo que la bipolaridad en los afectos, y el bipolar es, en cierta medida, un disléxico emocional.

En ambas configuraciones las personas carecen de un punto de orientación, pero cuando pueden llegar a construir y manejar ese "punto de referencia" (giroscopio interior), lo que inicialmente aparecía como una dificultad comienza a desaparecer. En el disléxico se trata de un punto espacio-mental, en el bipolar de una "coordenada vincular" de la cual carece. Esta carencia es la que hay que lograr remediar y que su lugar lo ocupe una "relación guía", ya que la falta de este eje provoca confusión y ante la emergencia de tal estado psíquico la inestabilidad aparece como una respuesta defensiva.

Al trabajar con esta mirada y aplicando una metodología destinada a que la persona bipolar cree un "vínculo interior referencial" (la báscula mental) que le sirva de guía para alejarla de los cambios extremos y de la confusión que le generan muchas situaciones cotidianas de la vida, los logros que se alcanzan son sorprendentes.

Hay cosas que la persona bipolar no puede representar, que le generan desorden, desorientación, caos y desconcierto, y entonces la oscilación es la respuesta para defenderse de esa circunstancia. Del mismo modo, como su pensamiento es plástico (imágenes en movimiento), su ir y venir emocional refleja su discurrir mental. Cuando le dicen "tienes que ser estable", él escucha "oscila", y esta situación es decisiva, ya que desde la medicación y desde la palabra lo que se le está repitiendo al bipolar es algo que no puede comprender o que él traduce exactamente al revés.

La "estabilidad" que el bipolar tiene que lograr no debe provenir de afuera, sino surgir como una "referencia interior", y no puede equivaler a la detención o quietud, sino a movimiento con sentido y proporción. No hay que pretender que deje de oscilar (su oscilación es su virtud), sino que sane la desproporción que lo traga en un eterno vaivén sin eje.

Los pacientes bipolares (como todos) nos enseñan con sus expresiones aquello que los terapeutas tenemos que aprender para ayudarlos. Sólo hay que poner atención, escucharlos y valorar sus puntos de vista.

Es común observar el hecho de que las dificultades y las desdichas vinculares llenan sus biografías. Es notorio el deseo de ser aceptados y amados, lo que los lleva a establecer relaciones a cualquier precio, construidas desde la necesidad y la dependencia y no desde el amor y el crecimiento.

En el momento de nacer y luego del corte del cordón umbilical, el ser humano nace al desvalimiento, es decir, no puede valerse por sí mismo para satisfacer sus necesidades básicas. Es el otro o son los otros, sus padres, quienes cumplen esta función, y si ese recién nacido no recibe protección, afecto, cobijo y nutrición se hunde en el desamparo. Esta vivencia es muy radical, al punto de que el bebé va desarrollando, con el paso del tiempo, un complejo mecanismo de defensa consistente en transformar ese desamparo en una creencia: *si no me dan lo que requiero es porque no lo merezco y si no lo merezco es que soy indigno*. Tal sentimiento de indignidad luego es encubierto, en el futuro bipolar, tras una máscara de prodigalidad exagerada mediante la cual pretende comprar afectos y reconocimiento que sanen su estima dañada y, cuando no los recibe, surge una profunda indignación por sentir que lo tratan injustamente y la represión de esta indignación vuelve como el polo de exceso (maníaco) de la bipolaridad.

Esto se une a la incapacidad que lo domina para dar por terminado un vínculo, para decir "basta" o "no te quiero más", ya que tal condición forma parte de la vivencia bipolar según la cual una relación que acaba implica una muerte posible del Yo: en cada corte está en juego la aniquilación de su identidad, pero no como metáfora sino como una dolorosa realidad.

Estas circunstancias (la herida en la estima y el temor de aniquilación ante una pérdida de afecto) llevan, a los bipolares, a establecer vínculos enmarañados y destructivos, que son la expresión de un profundo y entrañable barullo afectivo. Ante esto, ¿qué hacen habitualmente los terapeutas? Recomiendan cautela, distancia, inacción, proporción y abstinencia, lo cual implica no haber asimilado lo que acontece en el mundo interior del paciente, porque estas palabras encierran conceptos irrepresentables en el universo de la conciencia bipolar.

La bipolaridad es un problema de salud

Quisiera compartir, en este libro, mi experiencia terapéutica y personal y trasmitir un mensaje optimista sobre la bipolaridad.

El primer paso, que tenemos que dar juntos, es abandonar la concepción fatalista de la bipolaridad.

La bipolaridad es sólo un problema de salud, como lo es una gripe o un resfrío. No es una condena, ni una condición irreversible, ni un destino irrevocable, ni una atrofia de la personalidad. Cuando se avanza en esta dirección y desdramatizamos el padecer bipolar, ocurre que podemos comenzar a verlo como lo que realmente es y así podemos trasmitir a los pacientes una más correcta y objetiva perspectiva sobre su afección.

El segundo paso consiste en considerar que la persona bipolar muestra, por medio de sus síntomas, la máscara de una potencialidad mal utilizada que, cuando logra ser canalizada adecuadamente, se transforma en fuerza creativa.

El "subibaja" afectivo, que los especialistas denominan *bipolaridad*, resulta ser la amplificación, a niveles crónicamente exagerados, de una capacidad del espíritu del hombre. De modo que, al investigar su naturaleza, estamos profundizando en el entendimiento de los repliegues del psiquismo humano.

Por otra parte, al poner el énfasis más en la virtud que un síntoma señala que hay que desarrollar, y no tanto en la falla que hay que erradicar, nos colocamos en una perspectiva terapéutica mucho más cercana para la cura de este padecimiento y de la posibilidad de pensar que todo malestar tiene un significado en el proceso de evolución del alma.

Existe hoy una gran preocupación por la bipolaridad. Interés que ha nacido en los últimos años, promovido por su crecimiento estadístico pero, también, por la dedicación a su estudio por parte de profesionales de las diferentes áreas de la salud. Así, distintos especialistas bucean en su etiología, en sus manifestaciones y en su dinámica, tratando de generar nuevos tratamientos y espacios de reflexión sobre los caminos de su prevención y su cura.

Como ha ocurrido con otras enfermedades, los pacientes han sido activos colaboradores de esta nueva situación, ya que sus demandas de cura los ha colocado en el lugar de ser motores importantes en la búsqueda de respuestas a sus padecimientos.

Sin embargo, estamos en un punto donde parece que el progreso en la comprensión de la dinámica y de la cura de la bipolaridad se ha estancado. Tal bloqueo deviene, posiblemente, del hecho de que estemos entendiendo inadecuadamente el problema bipolar.

Los puntos de partida actuales se basan en las preguntas: ¿Qué hacer para detener la oscilación? ¿Cómo estabilizar al paciente? Pero, ¿son correctas estas preguntas? Tengo la percepción de que, por lo menos, son insuficientes. Si queremos saber más sobre la bipolaridad y su cura, debemos cambiar las preguntas que nos hacemos sobre ella.

Para esto es necesario tener en cuenta dos principios muy generales:

- la bipolaridad no será superada mediante la lucha directa contra ella, sino sustituyéndola por un bien opuesto, y
- no será derrotada por medios exteriores a la persona, sino convocando la fuerza interior autocurativa que yace dormida dentro de ella.

Es decir, ampliando, por una parte, las virtudes contrarias a la inestabilidad (en este caso, la firmeza, la proporción y la determinación) y dejando, por otra, de poner toda la confianza en los resultados de la química estabilizadora exterior para apelar a las energías del autoasistente interno, ese centro personal que cuida por nosotros aun a pesar de nosotros mismos.

La bipolaridad es un problema afectivo

Se suele mencionar que la bipolaridad es un trastorno afectivo, entendiendo por esto los cambios reiterados de humor que van desde la extrema tristeza y desesperanza (depresión) hasta la euforia o exaltación (manía).

Ahora bien, ¿cuáles son las manifestaciones o síntomas que permiten darnos cuenta de que padecemos este trastorno?

En el polo de la **depresión**:

- Pérdida de interés o placer en las actividades habituales.
- Carencia de energía y actividad, que puede llegar a la apatía.
- Pérdida de apetito o de peso, en algunos casos puede existir aumento de apetito.
- Trastornos del sueño, insomnio o a veces dormir mucho pero de manera irregular.
- Disminución del deseo sexual.
- Dificultad en concentrarse y razonar.
- Sentimiento de culpa, incapacidad y ruina.
- Pensamientos o deseos de morirse o ideas de suicidio.
- En casos severos pueden existir cuadros delirantes de contenido culposo y catastrófico.

En el polo de la **manía**:

- Estado de ánimo eufórico y/o irritable.
- Disminución de la necesidad de dormir.
- Aumento de la actividad.
- Hablar sin poder detenerse.
- Pensamientos que saltan de un tema a otro.
- Aumento de la actividad sexual con pérdida del pudor.
- Grandiosidad en las conductas. Gastos desmedidos, prodigalidad.
- Pérdida del autocontrol y del juicio.

- En casos severos, fuga de ideas (incoherencia en el lenguaje) e ideas delirantes de contenido grandioso.

Quien sufre de los síntomas depresivos siente que ha descendido y habita en el infierno. Generalmente su padecer no es comprendido o percibido en toda su magnitud por la familia y el entorno. Los pensamientos catastróficos y culposos, la pérdida de la autoestima, la falta de energía, la desesperanza hacen ver todo negro y sin salida. El tiempo no transcurre y el espacio se cierra. Muchas veces la idea de la muerte o el suicidio aparece como el único camino abierto para terminar con el sufrimiento.

Por el contrario, en el estado de manía el individuo siente un excesivo bienestar y no puede entender cómo los demás no lo perciben. Eufóricos, exaltados e hiperactivos, se sienten brillantes y creativos. La grandiosidad los lleva a tomar decisiones peligrosas. Gastan el dinero desmedidamente, su sexualidad está exacerbada y pierden el pudor. Aun sin dormir, se encuentran llenos de energía. Suelen hacer planes irrealizables y pueden llegar a ser agresivos y violentos. La exaltación los puede llevar a perder el control de la realidad, desarrollando ideas delirantes de contenido grandioso.

El sentido de este libro

De algún modo ya están expuestas la ideas contenidas en este libro. ¿Cuál es su sentido? Intenta ser un manual dinámico donde encontrar algunas respuestas novedosas, desde la clínica y la vivencia personal, para reconocer y enfrentar la bipolaridad. Al mismo tiempo, pretende ser un disparador para reformularse algunas preguntas acerca de la consideración y tratamiento de este padecer, y al mimo tiempo, despertar y aumentar la conciencia de la necesidad de transformar y reencauzar la energía bipolar por caminos correctos.

Sé, por experiencia directa, que la conciencia bipolar es penosa, aunque podría ser una importante fuente de aprendizaje y aun de felicidad. Es intransferible como vivencia pero describible como sufrimiento y acuna en su seno una capacidad creativa que, por mal encaminada, ha conducido al padecer.

Anhelo, de todo corazón, que este libro ayude en la tarea de evitar, mitigar o curar la destructividad de la condición bipolar. Para su redacción he tenido muy en cuenta el aporte invalorable de algunos grandes poetas universales, quienes, muchas veces, en sólo unos pocos versos sintetizaban maravillosamente, con belleza y sabiduría, alguna reflexión mía sobre el tema, que a mí me exigía, sin embargo, más de un párrafo de exposición prosaica y "técnica".

Del mismo modo, espero que los terapeutas que reciben en su consulta a pacientes bipolares y los acompañan en el proceso de su recuperación, reflexionen sobre su práctica y amplíen su actual visión sobre las herramientas con las que pueden contar para *trasmutar* un dolor en el descubrimiento de un universo de posibilidades.

Descubrir junto con el paciente bipolar que ese *universo suyo lleno de creatividad latente* –tal vez aún ahogado e inexplorado dentro de su padecer– es posible de alumbrar y desarrollar *con alegría*, mientras él intenta renacer paulatinamente al mundo de la salud física, mental y espiritual, donde quizás, por ese milagro que es *el amor*, haya unos brazos amantes para recibirlo. Es decir, poder visualizar ese universo que trae el paciente a la consulta, del mismo modo –y salvando las distancias– como en el terreno de la neuropsicología el neurólogo y gran escritor inglés Oliver Sacks (autor, entre otras obras, de *Despertares* y *Memento*, basadas en casos clínicos y llevadas al cine) descubrió el "mundo de los sordos". Dice en un reportaje:

> Decidí iniciar mi propia exploración del tema. Conocí a muchos sordos, estudié su lenguaje... El mundo de los sordos es una comunidad extraordinaria, con una cultura y un universo propios. **Aprendí a ver aquel mundo sin sonidos no sólo en términos médicos, como si la sordera fuera meramente una enfermedad, sino co-**

mo quien entra en una dimensión diferente, de signo positivo, donde hay otra forma de ser y comunicarse. (*La Nación*, Cultura, 8/6/03, la letra en negrita es mía.)

También deseo señalar que la cuestión fundamental que se nos plantea a los terapeutas no es sólo el diagnóstico y tratamiento de la bipolaridad que padece una persona, sino considerar sobre todo quién es la persona que ha sucumbido a la bipolaridad.

La bipolaridad es un camino, posee un sentido y trasmite una enseñanza. La tierra es una escuela y estamos en la vida para aprender y, muchas veces, el dolor es el maestro que nos hace darnos cuenta de aquello que *debemos* conocer. Pero, que el dolor tenga esta función en nuestra vida no significa que debemos permanecer en él, pues al fin de cuentas hemos venido aquí a *ser felices*.

Agradezco, de todo corazón, a Susana Rabbufeti Pezzoni la tarea de corregir y embellecer los originales de este libro. Ha puesto tanto cariño e inteligencia en él que merece la coautoría del trabajo.

Eduardo H. Grecco

México, enero de 2003

Parte Primera

DEL AFECTO A LA AFECCIÓN

En esta primera sección intento dar cuenta de qué son los afectos y de qué modo las emociones sofocadas, en las cuales estamos atorados, se transforman en dolor y síntomas. En este caso particular, las vicisitudes que posibilitan la construcción de los dos polos extremos del malestar bipolar. Sin embargo, la indagación sobre la tristeza y sus excesos (depresión-melancolía) y la alegría y sus excesos (exaltación-manía) no debe hacernos perder de vista la estructura central de la bipolaridad: la oscilación. Tampoco distraernos del horizonte sobre el cual este padecer se recuesta: la pérdida de la capacidad de matices, gradientes y tonos emocionales.

Comprender que todas las emociones poseen un sentido nos coloca en la perspectiva de considerarlas no como un obstáculo o una interferencia sino como un motor esencial de la vida.

Capítulo I

QUÉ SON LOS AFECTOS

Yo voy por un camino, ella por otro,
pero al pensar en nuestro mutuo amor,
yo digo aún: "¿Por qué callé ese día?"
y ella dirá: "¿Por qué no lloré yo?"

Gustavo Adolfo Bécquer

Los afectos son algo que nos *afecta*. Y no es un juego de palabras. No existe otro registro posible en la conciencia de las personas, en relación con las emociones, que el *vivirlas*. Ya el poeta, teólogo y predicador inglés contemporáneo de Shakespeare, John Donne, supo expresar esta cuestión de "bajar los afectos" al cuerpo y manifestarlos: *"También el alma de los amantes puros / debe descender a facultades y afectos / que los sentidos puedan alcanzar y aprehender, / de otro modo, un gran príncipe yace encarcelado"*. Sin embargo, desde la niñez, aprendimos a reprimir y disfrazar nuestras emociones, a mantener encarcelado al "gran príncipe" que habita en nuestro interior y que podría llegar a convertirse en rey, si nos atreviéramos a romper los barrotes de esa prisión. Así, paulatinamente, fuimos perdiendo capacidad para expresar nuestras emociones y para darnos cuenta del auténtico sentir de nuestra alma.

29

Cada afecto que sofocamos produce la mutilación de una parte de nuestra vida. De tal modo que, así como hay personas discapacitadas físicas o mentales, las hay, también, afectivas.

La *discapacidad afectiva* es un mal bastante general en nuestra época, hasta tal punto que, como en ninguna otra, han surgido numerosos caminos de búsqueda para aprender a dar salida a esa energía sofocada. Talleres corporales, grupos de encuentro, reuniones de sensibilización, son algunos ejemplos de un gran abanico de posibilidades que dan testimonio del hambre del hombre moderno por poder contactarse con el mundo de la vivencia, que ha pasado, hoy, a ser la dimensión de lo perdido.

Del mismo modo que el ahogo de los afectos conlleva, como consecuencia, la anestesia en segmentos de nuestra vida, su expresión coartada implica la generación del conformismo y la mediocridad.

No se puede tener medio orgasmo ni medio embarazo, pero, en cambio, sí nos permitimos tener "medio enojo", "media depresión" o "un poco de celos". El desenlace es que concluimos siendo "mediocres emocionales". Y, entre la represión y la mediocridad, los afectos que no expresamos y en los cuales quedamos atrapados, se hacen síntomas. Así, la causa de nuestros síntomas radica en las emociones atrapadas en el pasado, que siguen siendo vigentes hoy, dado que lo que dejamos pendiente siempre retorna.

Sin embargo, es bueno tener en cuenta que eso que nos hace sufrir no es pasado. Usamos este concepto temporal sólo por una cuestión práctica pero, en realidad, lo que nos hace doler hoy es algo que no hemos podido dejar atrás, que sigue siendo permanente actualidad. Que lo repetimos en este momento porque no lo aprendimos, y no lo aprendimos porque no lo vivimos intensamente. Curiosamente, el pasado es lo que nos queda por vivir.

Para sanar de raíz los síntomas debemos, entonces, curar las emociones que están en la base de cada uno de ellos ya que los síntomas están en el lugar de un afecto que falta.

Este proceso se ajusta a dos principios fundamentales:

- no se puede sanar una emoción en ausencia (ley de la actualidad) y
- no se puede dejar atrás lo que no se vive primero intensamente (ley de la saciedad).

Los afectos están para ser sentidos

Los afectos están, entonces, para ser sentidos, y anhelan dar rienda suelta a su capacidad de expresión. Son procesos energéticos, que tienen la particularidad de comprometer y actuar sobre el propio cuerpo. En las emociones no hay nada abstracto, al punto de que podemos decir que nuestro cuerpo es un cuerpo emocional, que las emociones moldean nuestro cuerpo. Cuando tocamos o acariciamos un cuerpo no estamos tocando y acariciando un grupo muscular sino un tejido de afectos.

Los afectos se diferencian de los "actos eficaces". Una *acción eficaz* dirige su actividad hacia el mundo exterior y es aquella que logra resolver una necesidad, mientras que las emociones, por el contrario, aparecen como inútiles para resolver problemas o tensiones. Así, por ejemplo, una reacción de miedo, con su repertorio de comportamientos somáticos y psíquicos, no aporta ninguna solución para eliminar los motivos que lo originaron. Sin embargo, su existencia, aparentemente inadecuada, está cumpliendo una finalidad dentro de la economía psíquica de la persona que lo sufre. Buscarle su sentido es la tarea que permite transformar una emoción en aprendizaje.

Los afectos son actos justificados, no por su capacidad de resolver una necesidad o una situación, sino por el significado que conllevan. Cada emoción posee un sentido particular, existe para enseñar algo al sujeto que la siente y es por eso que el mundo afectivo puede ser concebido como un gran maestro de la vida, aquel que nos va indicando cosas que debemos modificar, lecciones que debemos aprender para acercarnos a un equilibrio mayor, a una armonía creciente y a una salud más plena.

1. Lo que los afectos son

Los afectos son energía que necesita descargarse

La energía afectiva busca expresarse. Cuando no lo logra obtener por las vías usuales: motricidad (hacer), timia (sentir), palabra (decir) o sublimar (crear), puede manifestarse en el cuerpo como *síntoma*. Entonces, el cuerpo grita, en forma de síntoma, el afecto sofocado.

Hay que insistir: el síntoma está en el lugar del afecto sofocado. Decimos, por ejemplo, que el asmático se ahoga porque no se angustia o que el ulceroso sangra por no dejar salir su rencor y que parte de toda la tarea terapéutica consiste, justamente, en ayudar a catalizar este afecto ausente de la conciencia y así liberarlo de su anclaje o atadura al síntoma sustitutivo y permitirle de este modo expresarse de una manera más sana y más plena.

En suma, los afectos están para ser sentidos y, cuando quedan marginados de poder realizar esta experiencia, se estancan e intentan forzar otras vías de salida, y una posible es la "facilitación corporal". Los afectos sofocados regresan como síntomas en el cuerpo. Pero no lo hacen en cualquier lugar sino que la geografía corporal les impone condiciones de expresión. Así, ciertos afectos aparecen en ciertas partes de nuestro cuerpo y en ciertos sistemas físicos con predilección a otros.

Las emociones son la presencia del pasado en nuestra vida

Todos los afectos son "transferenciales" en el sentido de que son reproducciones de experiencias pasadas, algunas de profundo color filogenético, otras cargadas del colorido de la ontogenia, pero siempre evocando experiencias históricas, tal como ocurre en el caso de la angustia, que reproduce las condiciones iniciales del nacimiento y de toda separación significativa.

La clave histórica de la angustia enseña que, en el momento del nacimiento, las mismas reacciones psicofisiológicas que acompañan este afecto fueron elementos decisivos para la sobrevivencia del niño. Así, entonces, cuando la persona se encuentra ante situaciones similares (por una equivalencia psíquica inconsciente) repite un comportamiento que en un momento de su vida fue eficaz, aunque ya no sirva para eliminar el peligro presente.

Esto es lo que hace que los afectos, presentes y activos hoy dentro de una persona, rememoren escenas olvidadas. Es como si los afectos fueran, en cierta medida, una manera de recordar, como si los afectos fueran una manera de contar nuestra historia pero a la luz de cómo la vivimos en el ayer.

Cada experiencia nos deja un "resto" y ese resto constituye los anclajes emocionales en los cuales estamos atrapados. De manera que las emociones representan nuestros apegos, nuestro pasado, aquello que, por momentos, nos impide abrirnos a la experiencia del presente. Así, los afectos tiñen la manera que el hombre tiene de leer el mundo que lo rodea. Al cambiar su estado afectivo cambia su manera de ver y relacionarse con el mundo externo y también el modo en el cual se mira a sí mismo. La frase "el mundo es según el cristal con el que se lo mira" es aplicable aquí y el cristal son las emociones. Basta recordar la fábula de la zorra y las uvas para que este aspecto de las emociones quede confirmado.

Los afectos son maneras de resignificar el tiempo y el espacio

El presente, el pasado y el futuro cobran valores diferentes según el estado emocional dominante. El tiempo corre de prisa cuando se está ansioso, en estado de felicidad o exaltación, y se lentifica en la tristeza, la pena y el aburrimiento. Del mismo modo ocurre con el espacio. En el amor el espacio se suelda, las distancias se achican; la felicidad dilata el espacio, la tristeza lo encoge y la desesperación lo torna vacío. La Psicología habla de tiempo y espacio "páticos", aludiendo a la modalidad con que una persona vive el discurrir (duración) y el sitio (situación) en donde está incluida, que no coinciden con la sucesión y la contigüidad objetivas del tiempo y del espacio físico.

Los afectos son proyecto

Los afectos son maneras que tenemos los seres humanos de construir la realidad, un modo de indagar, tantear y edificar el futuro. Mirar al futuro, desde los afectos, es también corregir el pasado y el presente, pagar nuestras deudas, triunfar en la vida, invertir en el mañana. Por esto la prospectiva afectiva es un magnífico procedimiento de compensación y regulación psíquica ya que nos permite reordenar nuestra existencia con metas renovadas, cargadas de la fuerza de la realización emocional.

Los afectos son cuerpo

Además del hecho de que los afectos son historia y vivencia, las emociones presentan claves somáticas particulares, de modo tal que muchas veces percibimos la presencia de un afecto sólo por sus expresiones somáticas, porque tal como lo expresa sabiamente John Donne, por fuera de toda consideración terapéutica y sólo en dos versos: *"Los misterios del amor crecen en las almas / pero el cuerpo es su libro"*; es decir, este poeta –de un modo sintético admirable–, al afirmar que **"el cuerpo es el libro"** del amor, está diciéndonos que este sentimiento (diríamos aquí: los afectos, las emociones) *se lee en el cuerpo*, porque se escribe *necesariamente* en el cuerpo y con el cuerpo; pero, además, la ecuación **cuerpo = libro** también expresa que el cuerpo "sabe" mucho acerca de las pasiones de los hombres y es allí donde "se leen". (Tal vez sería interesante señalar que este poeta, también teólogo y predicador –contemporáneo de Shakespeare, como ya se dijo–, se enfrentó con los que él llamaba "católicos demasiado obedientes" y se hizo sacerdote anglicano.)

La singularidad de cada clave orgánica hace que cada emoción afecte áreas precisas y específicas del cuerpo. Así, por ejemplo, es frecuente encontrar afectos de tristeza, depresión, desaliento y desesperación en las enfermedades pulmonares, o que los músculos del cuello se tensen cuando se odia, y hasta hay veces en que el duelo por la muerte de un ser querido lleva a sentir como Miguel Hernández (ante la pérdida de su gran amigo Ramón Sijé): *"Tanto dolor se agrupa a mi costado / que por doler me duele hasta el aliento"*.

Los afectos no son buenos ni malos

En la vida cotidiana nos referimos a los afectos como protagonistas de una película del viejo oeste americano. Decimos que hay buenos (positivos) y malos (negativos). Sin embargo, los afectos no saben de esta valoración; cada uno de ellos es energía que puede estar aplicada en muchas direcciones. Por ejemplo, la envidia, que a veces conduce al ataque destructivo del semejante, sirve también para desarrollar la capacidad de modelar (copiar creativamente) del otro algún comportamiento que podemos aprender y así incorporar como algo eficaz en nuestras vidas.

Los afectos siempre poseen un sentido

Son signos que nos señalan aspectos que debemos enfrentar, conductas que debemos cambiar, deudas que tenemos que saldar, tareas que debemos realizar, aspiraciones que debemos cumplir. Así, por ejemplo, los celos hablan de una demanda de mayor intimidad, de un requerimiento de más cercanía, de la sensación de que hay algo que no se comparte con el otro y se quiere compartir. Es decir, los afectos nos ayudan a darnos cuenta de anhelos que no percibimos como representaciones conscientes y a aprender lecciones que tienen que ver con la realización de nuestro plan de vida. A veces no tienen que ver con nuestra personalidad sino que son mensajes del alma y a veces no son señales de deseos o anhelos nuestros sino de los otros.

Los afectos son vínculos

Los afectos son vínculos, contactos. De hecho, una de las maneras en las cuales los afectos nos afectan es en el modo en el cual establecemos relaciones en nuestra vida. Esto se debe, en parte, a que los afectos los aprendimos, los descubrimos o los procesamos en el contexto esencial de nuestra familia. Aprendimos a amar, odiar, tener miedo, etc. dentro de una relación y ahora reproducimos en todos nuestros encuentros mucho de lo que allí asimilamos. Al cambiar nuestros afectos cambian nuestros vínculos y, por otra parte, nuestros estados afectivos condicionan el modo y el tipo que tenemos de interactuar con otras personas.

¿Qué hacer con los afectos?

Es imperioso dar curso a la expresión de los afectos porque los afectos que no drenan no se agotan, siguen vivos y latiendo.

Más que suprimir las emociones, deberíamos acostumbrarnos a vivirlas con toda su riqueza e intensidad. Pues es muy cierto lo que dice el gran poeta portugués Fernando Pessoa: *"También mis emociones / son cosas que me acontecen"*.

Es necesario luchar contra la programación que desde niños nos han impuesto la cultura, la familia, el medio ambiente, etc. acerca de contenernos y mantener un bajo perfil en todo lo que tenga que ver con el mundo de nuestros afectos. Sin duda, esta tarea puede parecer bastante costosa porque hemos edificado a lo largo de los años muchos diques de contención afectiva, algunos, inclusive, con ribetes morales. Pero, sólo es cuestión de empezar, ya que la inercia emocional opera en ambos sentidos y a medida que comenzamos a nadar el agua se nos torna más amigable.

2. Los afectos como polaridad

Los afectos siempre aparecen en pares de oposición, tal como amor-odio o alegría-tristeza. (*"Para dejarme vivir, oh, ámame, y también ódiame"* –clama John Donne *avant la lettre* de la Psicología moderna.) Este hecho no hace otra cosa que poner de relieve una constante inherente a la naturaleza misma de la vida emocional: la *polaridad complementaria*.

El concepto de *oposición* es bastante fundamental en la Psicología contemporánea. Esto se debe, en parte, al hecho de que es un término que la ciencia en su conjunto utiliza con bastante reiteración desde hace varias décadas.

Generalmente se lo asocia, en el campo psíquico, con el de dinámica y con modelos de explicación como los de Freud y de Jung, y parece bastante cierto afirmar que hoy día ningún análisis psicológico puede realizarse sin incluir esta dimensión.

Una concepción *dinámica* propone que el concepto de *oposición* permite ver la realidad desde el punto de vista de su movimiento, es decir, de su historia. Esto significa que existe en la realidad general un proceso y que ella es, en sí misma, proceso. Por lo tanto, lo psíquico –como parte de la realidad– es un proceso que está en permanente cambio y evolución. Pero una evolución pensada no como el desarrollo de lo que estaba en potencia sino como una "evolución emergente", es decir, una transformación donde siempre aparecen cosas nuevas y diferentes.

Que una emoción sea polar significa que conlleva en sí misma su polo opuesto. El hombre desarrolla una serie de estrategias para enfrentar este hecho, tales como, entre otras, la sofocación (hacerla desaparecer), la negación (no sentir nada) y la ambivalencia (sentir al mismo tiempo dos afectos contrarios, como amor y odio, por ej.), que sería, esta última, la respuesta más madura, ya que integra y reconoce aspectos opuestos que están formando parte de una misma estructura de conciencia.

A veces el polo contrario está en la sombra, otras actúa disfrazado, a veces parece no existir, otras está a la par, en la conciencia, pero disociado... Las posibilidades son muchas, pero lo importante es que los afectos siempre implican la presencia de su contrario en alguna parte.

3. Los afectos como vibración

Los afectos son vibración. Cada emoción posee un ritmo, una intensidad y una modalidad de vibración acorde con su propia naturaleza. La alteración de este funcionamiento, en cualquiera de sus aspectos, implica consecuencias para la persona que la vive, muchas veces en términos de sufrimiento y enfermedad.

La teoría cuántica aporta la idea de que los cuerpos, en el nivel microscópico, pueden ser vistos, al mismo tiempo, como un conjunto indivisible de materia y onda.

¿Qué es una onda? En principio, la onda es una propiedad física que se propaga a lo largo del espacio o de un medio material en forma de trasmisión de energía y que origina una modificación en las condiciones de dicho medio. Hay que imaginar un lago, un espacio plano de agua y una piedra que cae en él. La propagación de una onda en su superficie sirve de ejemplo de la trasmisión de los fenómenos ondulatorios de los cuales estamos hablando.

La física interpreta este fenómeno como la influencia ejercida por parte de una perturbación (en el ejemplo, la piedra), iniciada en un punto concreto de un espacio (donde al piedra cae en el lago), que genera un desplazamiento a través de un campo de energía y estados de movimiento, desplazamiento que produce ondas armóni-cas. Las *ondas sinusoidales* o armónicas son aquellas en las que cada punto del espacio repite exactamente el movimiento anterior. En ellas, la superficie imaginaria que enlaza las puntas de una onda que vibran al unísono constituye el llamado frente de onda. En suma, la onda armónica resulta ser un conjunto de puntos que vibran en torno a una posición de equilibrio, de modo que la perturbación se trasmite de uno a otro de forma suave y continuada. Una onda desarmónica resulta lo inverso.

El funcionamiento emocional no armónico genera ciertos efectos que se traducen en disturbios de todo tipo, que inclusive pueden alterar el nivel energético más denso del hombre: su cuerpo. La vibración desarmónica hace crecer el nivel de tensión que busca aliviarse por medio de la descarga (expresión de una emoción). Cuando los caminos de la manifestación normal están bloqueados emerge el síntoma como expresión sustitutiva de este proceso.

Resumiendo: la vida es vibración, el psiquismo es vibración, las emociones son vibración. Vibran en un proceso de continua búsqueda de equilibrio pero, en general, sus presentaciones son no armónicas, ya que el hecho de vivir implica la presencia del conflicto, no de la sinusoide armónica. Esto significa que, usualmente, nuestras emociones están desafinadas y necesitan de una acción correctora que las ponga en tono. Pero sucede que, a veces, esta desarmonía es de una intensidad o de una cualidad que afectan seriamente el vivir de la persona y, entonces, se convierten en un padecer.

Capítulo II

LA TRISTEZA Y
SUS VARIACIONES

Una angustia,
un desconsuelo de la epidermis del alma.

Fernando Pessoa

La *tristeza* es una emoción normal que corresponde a la respuesta de una persona frente a la pérdida o la ausencia de algo amado, así como la alegría expresa su encuentro o su presencia. De esta manera convendría pensar la tristeza y sus variaciones, romántica pero no metafóricamente, como "penas de amor". ¿Quién no ha tenido una pena de amor? Es que es inevitable, puesto que –como nos recuerda Leopoldo Marechal– *"con el número Dos nace la pena"* .

"Hoy estoy para penas solamente" (Miguel Hernández). Ésta es una experiencia habitual de la vida a partir del nacimiento. Perdimos el vientre materno, luego el pecho que nos alimentaba y confortaba, luego el biberón y así sucesivamente fuimos tejiendo nuestra existencia amontonando encuentros y pérdidas, apegos y desapegos. Aprendimos a dejar ir, aprendimos a ver partir, aprendimos a llorar por lo amado, a extrañar, a resistirnos a aceptar las separaciones, a negar lo perdido... Todo junto, de un lado y del otro, se con-

virtieron en experiencias usuales de nuestra historia sin que ello se volviera una desdicha que nos llevara a sufrir más allá de lo esperable o a invadir a tal punto toda nuestra vida y todo nuestro mundo hasta hacerlo quedar sumergido bajo las aguas de la depresión o la melancolía, que sí son manifestaciones patológicas del alma.

La experiencia de la pérdida genera que se desencadene un proceso normal de "duelo" (dolor) mediante el cual se elabora la privación del amor perdido. Y esto es saludable porque permite aprender a se-pararse y a re-parar las heridas que las pérdidas originan a la persona. Quien no se entristece ante una pérdida no aprende y no crece, quien se deja tragar por la pérdida no aprende y no crece.

La tristeza existe para que el hombre pueda aprender y, en especial, aprender a no depender de los suministros externos del amor. Y así como entristecerse es una conducta saludable de un psiquismo capaz de sentir el dolor de algo querido que no está o que se fue, la depresión y la melancolía son las expresiones enfermas de "los adictos o dependientes del amor".

---

1. La textura de la depresión

Desde el punto de vista de sus manifestaciones exteriores la depresión aparece, esencialmente, como la falta o el déficit de la energía psíquica que puede estar causada por la muerte de un ser querido, la ruptura de una relación de amor, la frustración de un proyecto o un objetivo, el declinar de la vida y por mil razones más. Esta caída energética se traduce en el descenso del humor que se transforma en triste y afligido. Hay que tener en cuenta que, en la mayoría de los casos, estos sentimientos se reprimen y la depresión se expresa por la vía de síntomas corporales.

Principales manifestaciones externas
que delatan la depresión

• Pérdida de interés o placer por las actividades habituales

Abatimiento, pérdida del placer de vivir, estrechamiento de la esperanza puesta en el futuro y descontento generalizado. Nada de lo que la persona hace le produce gusto o disfrute.

• Pérdida del apetito o de peso

Aunque en algunos casos puede darse lo contrario, este síntoma constituye un elemento importante de la depresión, que inclusive puede llegar a la anorexia, y simboliza el deseo de dejar de vivir.

• Fatigabilidad y cansancio

La persona se cansa rápidamente, tiene poca resistencia y una sensación inmotivada de fatiga, aun cuando recién se haya levantado de dormir. Toda tarea, física o mental, representa un gran esfuerzo.

• Trastornos en el sueño

Mal dormir, dormir mucho pero de manera irregular, pesadillas, angustia antes o después de dormir, etcétera.

• Disminución o pérdida del interés sexual

También, como ocurre con la comida, puede aparecer una exaltación sexual pero acompañada de frustración e insatisfacción, aunque lo habitual es la falta de deseo y de ganas de vincularse sexualmente.

• Dificultades para concentrarse y razonar

Se trata más de una vivencia subjetiva que de una realidad evidenciable en los desempeños objetivos. Sin embargo, el paciente se siente torpe para pensar, hablar y hacer, y esta creencia se traduce como un enlentecimiento general de estas funciones.

• **Sentimientos inapropiados de culpa y/o ruina**

La persona tiene una tendencia a autorreprocharse, culparse y autorrecriminarse todo, aun aquello de lo cual no es responsable. Al mismo tiempo siente que todo su mundo está destruido y hecho pedazos y que esto es debido a sus acciones u omisiones. Esto explica, en parte, las ideas de suicidio y de muerte.

• **Pérdida de la autoestima. Sentimientos de incapacidad e impotencia**

La depresión es fruto de una herida en el amor propio. El Yo se ve abandonado y dejado de lado. El sujeto explica esta situación diciéndose que si no lo aman es porque no lo merece. Su estima está, por lo tanto, muy menoscabada y se siente "muy poca cosa".

• **Trastornos neurovegetativos**

Suelen aparecer alteraciones orgánicas de diversa naturaleza, que van desde la constipación hasta la anemia, pasando por trastornos cardíacos y respiratorios, generalmente funcionales, aunque pueden devenir en lesiones.

1.1 Inhibición y dolor moral

Varios autores señalan que la inhibición del psiquismo y el dolor moral son dos fenómenos fundamentales de la depresión.

a) Por *inhibición* se entiende un descenso global de las funciones psíquicas. Este proceso produce tres grandes consecuencias:

* la reducción del campo de la conciencia (que a veces se expresa en disminución de la capacidad de registro de los sentidos),
* la retracción de sus intereses (que puede llegar hasta la apatía),
* la introversión (el sujeto se repliega sobre sí mismo) y
* el apartamiento del contacto social (la persona rehúye establecer comunicación y contactos interpersonales).

Dominado por esta experiencia, el individuo siente una gran dificultad para poder pensar, evocar, imaginar y hacer, como si una gran piedra pesara sobre él, obligándolo a desarrollar el doble de esfuerzo para concretar cada actividad. Simultáneamente, está dominado por una gran astenia física y psicomotriz. Frente a esto, siente internamente una profunda pena ante esta dificultad que lo hace aparecer casi como un "discapacitado".

b) Por su parte, el ***dolor moral*** se manifiesta como una pérdida de imagen, valor y estima, que bien puede tomar la forma de sentimientos de culpa, autoacusación, autopunición, autodesprecio, vergüenza, fealdad, condena o cualquier otra variedad por el estilo. También, la desesperación y la angustia, así como la vivencia de fin de mundo, pueden ser maneras de expresar este síntoma depresivo.

1.2 Los camuflajes somáticos

Muchas veces los sentimientos de tristeza y depresión están ausentes del cuadro y lo que aparece son equivalentes somáticos. La medicina psicosomática ha estudiado largamente enfermedades y síntomas como diabetes, anemia, neumonitis, dolores vertebrales, hipotensión, osteoporosis, cefaleas, vértigos, trastornos cutáneos, constipación, para sólo mencionar algunos casos, en donde los afectos depresivos dañan o hacen gritar al cuerpo al no poder el psiquismo expresarlos como tales.

Sin embargo, no hay que perder de vista lo que la queja somática expresa. Cuando en estas circunstancias los tratamientos se orientan a hacer manifiesta la depresión latente ocurre que el paciente mejora notablemente su cuadro orgánico. Y en esta dirección conviene apuntar los esfuerzos, ya que la enfermedad somática constituye frecuentemente la mejor solución que una persona ha encontrado para no precipitarse en la melancolía y la angustia.

1.3 Los trastornos de conducta

Existe otra serie de signos mediante los cuales la depresión se puede dar a luz, tales como: adicciones, intolerancia, irritabilidad, crueldad, abandono, autodestrucción, juego compulsivo, sexualidad indiscriminada, accidentes, etcétera.

Los trastornos de la conducta así como los somáticos ponen de manifiesto que cuando hablamos de depresión no sólo hay que buscar en el terreno de lo afectivo y lo psíquico. La mayoría de las depresiones se expresan por caminos sustitutivos y esto es, entre otras razones, lo que hace de la depresión una trampa de mil caras.

1.4 La depresión en las diferentes etapas de la vida

La depresión no es un mal que aqueja sólo a los adultos. Desde que nacemos estamos expuestos a padecerla, hasta tal punto que los bebés pueden morir por su causa. Es bueno, entonces, reconocer que los niños y adolescentes padecen este mal tanto como los adultos y ancianos, y que a cada etapa se corresponden algunas características particulares como, por ejemplo:

a) en los bebés, hay trastornos en la alimentación y el dormir, así como retraso en las adquisiciones evolutivas;

b) en los niños, trastornos alimenticios, esfintereanos y del dormir, decaimiento somático, retraso escolar, pobreza en las iniciativas, aislamiento;

c) en los adolescentes, conductas antisociales, agresividad, oposición, vagabundeo, trastornos psicosomáticos, bulimia, anorexia;

d) en la vejez, hipocondría, fobias, mutismo, tendencias suicidas elevadas, abandono físico y conductal.

2. La trama de la depresión

La depresión es el fruto del estar enamorado y al mismo tiempo decepcionado con un amor que permanece. De este modo las personas depresivas son adictas al amor pero, al mismo tiempo, incapaces de amar activamente, ya que necesitan de un modo permanente suministros afectivos que las nutran y eleven su autoestima, siempre en peligro.

Esto hace, por una parte, que sean personalidades dependientes, pasivas y sumisas y que, por otra, elijan sus objetos de amor a imagen y semejanza, como Narciso, de sí mismas. Esta doble situación los convierte en seres demandantes, exigentes y desconsiderados del prójimo, a quien le piden, sin embargo, que comprendan sus vivencias y puntos de vista.

Curiosamente, las personalidades depresivas se esfuerzan por lograr buena relación con todo el mundo, pero al ser incapaces de poner la parte de esfuerzo que a ellas les corresponde, tales tentativas están destinadas siempre al fracaso.

Con frecuencia cambian sus vínculos de amor, porque sienten que nadie es capaz de darles la satisfacción que ellos solicitan. Quieren todo de los otros y de un modo inevitable esto los lleva a la frustración y a la desventura, que es vivida, entonces, como una negativa de los otros a darles la felicidad que añoran.

Esta dinámica tiene su origen en un modo de relación y comunicación que se estructuró en los primeros tiempos de sus vidas.

Hay una etapa en la cual las sensaciones cutáneas y de calor son tan importantes como la de ser saciado. Todas estas vivencias se asocian poderosamente con el sentimiento de seguridad gracias al cual el niño es capaz de expresar sus afectos y desarrollar su capacidad de acción.

Las personalidades depresivas son esencialmente dependientes exageradas del amor y la aceptación de los otros. El resultado es que reclaman mucho más que el resto de las personas, y la pérdida de amor o de algo amado representa para ellos una herida muy profunda en su autoestima, su valer, su confianza y su seguridad. A esto se agrega la baja tolerancia a la frustración que poseen, que los vuelve muy vulnerables aun a pequeñas decepciones.

Esta predisposición es la que hace que frente a una pérdida la tristeza se transforme en algo más grave. Las circunstancias que provocan una depresión se equiparan, dentro del sujeto, a:

- una pérdida de la autoestima ("lo perdí todo, del mundo no me interesa nada") o
- una pérdida de una fuente necesaria de suministros que le daban seguridad ("lo he perdido todo porque no merezco nada");
- en ambos casos, el comienzo puede reducirse a "nadie me quiere" y más inconscientemente a "me odio a mí mismo".

3. Las etapas de la depresión

Cuando perdemos algo amado podemos caer en la depresión. Todo el transcurrir del proceso depresivo puede ser dividido en tres etapas: la del ver, la del comprender y la del concluir.

Vamos a ejemplificar con una situación de ruptura amorosa, pero el mismo modelo, con sus variaciones, puede ser aplicado a cualquier otra circunstancia de pérdida.

3.1 La etapa del ver

Hay un primer momento en el cual nos enteramos de la pérdida. Es el momento de la "noticia", del "shock", del descubrir que la persona amada nos ha dejado, no nos quiere más.

Frente a esta circunstancia podemos reaccionar de muchas maneras. Algunas de ellas son:

- **negando**: al estilo del bolero "te vas cuando yo quiero que te vayas". La idea es que no me dejan, sino que es preferible así, pero que si yo quisiera...,
- **reprochando**: "claro, ahora que conseguiste lo que querías, me dejas, o con esto me destruyes",
- **culpándose**: "soy una basura no merezco más que esto. Lo único bueno que tuve en la vida y lo pierdo",
- **negociando**: "creo que podemos volver a empezar. Voy a cambiar",
- **rememorando**: "te acuerdas qué felices fuimos cuando...",
- **odiando**: "eres una porquería, ¡muérete!",
- **chantajeando**: "pensar que yo te sostuve mientras estudiabas y ahora que te necesito me dejas, enfermo, solo..." y
- **desvalorizando**: "tú sin mí no eres nada, ya vas a volver pidiéndome que...".

Finalmente, se impone el reconocimiento y la aceptación de que el otro se fue y uno se ha quedado solo (a la manera de un gran poeta latino, a quien su amada lo ha abandonado, y se dice a sí mismo: *"Desgraciado Catulo, deja ya de hacer inconveniencias y lo que ves que ha muerto, dalo por perdido..."*) .Y aquí comienza la segunda etapa, la del comprender.

3.2 La etapa del comprender

Toda la energía de este tiempo está puesta en el elaborar la pérdida y lo que perdimos con lo perdido. El tomar conciencia de qué significó el otro para nosotros, lo que se llevó de nosotros y lo que tenemos que aprender en esta experiencia. Nuestras dependencias y sumisiones, nuestras cosas buenas y nuestras cosas no tan buenas, nuestros paraísos y nuestros infiernos...

Sin duda, el elaborar el duelo de una pérdida implica reconocer también las cosas positivas que recibimos del otro, así como sus lados oscuros. Al comprender maduramos y crecemos, nos volvemos más sanos y más plenos. Claro que en este proceso sufrimos y nos contactamos con el dolor. Es que, justamente, el dolor y el sufrimiento son las experiencias afectivas mediante las cuales tomamos conciencia de aspectos nuestros hasta ese momento desconocidos.

Al mismo tiempo que comprendemos nos vamos liberando de los lazos que nos atan, del exceso de equipaje y de los sometimientos a suministros afectivos que nos vuelven dependientes. De tal modo que el comprender nos hace más libres.

3.3 La etapa del concluir

Llegamos al final del proceso. En este momento terminamos de separarnos, repararnos y pararnos. Dejamos atrás lo perdido para hacer espacio a nuevas experiencias (seguramente mejores si la elaboración fue buena), reconstruimos nuestra autoestima (probablemente sobre bases más sólidas) y nos sostenemos por nuestros propios medios (rompiendo con la dependencia y la necesidad).

Al concluir este proceso su impacto actúa no sólo sobre el motivo de la depresión presente, sino que ayuda a elaborar las cargas pasadas que dejamos pendientes y a aprender a funcionar de un modo más adulto en el futuro. *"Aún el largo dolor de haber amado / de tanto me sirvió que estoy ahora / para amar nuevamente prepara-*

do" –confiesa el poeta Enrique Banchs, en uno de sus exquisitos sonetos, con una persistencia en el *deseo de amar* (a pesar de dolorosas experiencias pasadas) que debería resultarnos contagiosa.

4. Depresión y contexto

Los zorros se alimentan de los conejos salvajes. La población de zorros de una región aumenta en proporción a la disminución de la población de conejos, hasta un punto en que la relación comienza a invertirse. Si consideráramos sólo la disminución de los zorros o de los conejos, independientemente unos de los otros, el ciclo ecológico no se entendería. Al incluir en nuestra observación un cierto contexto, unas determinadas relaciones, el fenómeno se vuelve significativo.

Para comprender una depresión es necesario, entonces, poner este padecimiento en relación con una biografía y una situación. Y en este contexto el factor de la comunicación familiar es fundamental.

Cuando escuchamos las historias de las personas que sufren una depresión vemos, con cierta no superada sorpresa, las regularidades que pueden encontrarse en los datos de sus vidas y las experiencias más actuales que han transitado. Y es que un depresivo "no nace de un repollo". Hay condiciones de historia que hacen que este trastorno se instale y apodere del alma. Estas condiciones son a las que nos referimos cuando hablamos de "la trama de la depresión".

5. La tristeza y sus variedades

El sufrimiento que provoca el padecimiento depresivo puede aparecer bajo diversos nombres que se refieren a vivencias distintas pero vinculadas por un denominador común. Términos como aflicción, pena, melancolía, pesar, llanto, son algunos de ellos. Es importante darles a cada uno el valor adecuado ya que expresan, sin duda, realidades que comparten un aire de familia pero que, sin embargo, tienen matices diferentes que se refieren a perspectivas clínicas diversas.

Las principales manifestaciones clínicas en las cuales esta forma afectiva se vuelve patológica son:

- *Depresión:* la persona no pierde el contacto con la realidad ni su conciencia de enfermedad, pero se encuentra prisionera de un fuerte sentimiento pesimista del mundo y de sí misma que se acompaña con un debilitamiento de su impulso vital (energía) y de su estima personal.
- *Melancolía:* en la cual aparece una disminución exagerada y global de las funciones psíquicas, una expresión corporal típica, abulia, sentimiento de destrucción del mundo, tristeza vital, penosa, pesimismo, ideas suicidas, todo a un nivel que compromete seriamente la relación del sujeto con el mundo.

Capítulo III

LA ALEGRÍA Y
SUS VARIACIONES

*Al cabo de los años, un hombre puede simular muchas cosas
pero no la felicidad.*
Jorge Luis Borges

La alegría es una emoción que se corresponde a la respuesta de una persona frente al encuentro o la presencia de algo o alguien amado. Expresa un contento interior motivado por una disposición feliz o un profundo optimismo que puede llegar a la euforia. Una sorpresa agradable, el éxito de un emprendimiento, la realización de un deseo, la visita de alguien querido son causas de esta reacción que puede derrapar hasta convertirse en una conducta maníaca.

Las manifestaciones de alegría pueden nacer de una vivencia personal e íntima, pero ésta tiene una tendencia natural a la expansión, el júbilo y la comunicación interpersonal. Aun en las situaciones en donde lo que motiva esta vivencia sea muy privado, lo frecuente es que la personalidad se exalte, la conducta sea exuberante, los gestos y las palabras abunden, la risa brote fácilmente, la motricidad sea muy activa…

La experiencia del encuentro de algo amado genera en el sujeto sentimientos de júbilo, satisfacción, placer, esperanza, felicidad, entusiasmo y dicha. La persona siente en lo más profundo de su ser que su autoestima se regenera o se incrementa, que la confianza en el mundo crece, que su capacidad reparatoria le permite vincularse adecuadamente con los otros y que es merecedora de ser amada, ya que el otro le confirma todo esto con su presencia y aceptación. Y así como alegrarse es una conducta saludable de un psiquismo capaz de permitirse sentir placer y bienestar ante algo querido que regresa o que está a su lado, la euforia y la manía son las expresiones enfermas de los "adictos al amor", que se niegan infantil y desbordantemente a aceptar las pérdidas y el dolor consecuente a las faltas y carencias afectivas.

1. La textura de la euforia

Desde el punto de vista de sus manifestaciones exteriores, la euforia aparece esencialmente como el aumento o elevación de la energía psíquica, que puede estar causada por el triunfo en una empresa, el encuentro con el ser amado, el inicio de una relación de amor, y por muchas y diversas razones más. Esta suba energética se traduce en un incremento del humor, que se vuelve entusiasta y exaltado.

1.1 La huida de las ideas

Es un rasgo muy importante, en la euforia, un trastorno del pensamiento que se suele denominar *huida de las ideas*. Los pensamientos van fluyendo en un curso incontenible sin orden ni consistencia. Este signo implica una modificación profunda de la posibilidad de vivir la relación del yo con el mundo, una situación donde la coherencia está comprometida y la conciencia sufre una incapacidad para fijarse a algo por mucho tiempo.

Manifestaciones externas de la euforia

• **Agitación motriz**

Intensa actividad motriz que puede tomar la apariencia de un juego que marea al observador. La persona no puede quedarse quieta, sentarse ni descansar.

• **Excitación psíquica**

La agitación física se corresponde con una situación similar en el plano psíquico: habla y pensamiento acelerados, atención dispersa, cambio de tema constante, etcétera.

• **Sobrestimación de sus capacidades**

Las personas eufóricas sobrestiman sus capacidades y posibilidades intelectuales, físicas, temporales, sexuales y económicas. Esto lleva, generalmente, al desastre y/o a situaciones de riesgo, y refleja el aumento de la autoestima y la potencia del Yo.

La euforia puede actuar como fuerza liberadora de las inhibiciones de distintas funciones psíquicas, pero el desorden del comportamiento delata su carácter patológico.

• **Exaltación**

Ningún obstáculo detiene los proyectos, ninguna dificultad previsible altera la euforia. La persona vive en un continuo estado de exaltación psíquica, todo es posible de realizar.

• **Aumento del interés o el placer por las actividades habituales**

Profunda atracción e interés por la vida, un aumento de la esperanza puesta en el futuro y una alegría generalizada.

• **Aumento del apetito**

Hambre devoradora y una gran sed. Necesidad de grandes cantidades de alimentos dulces y azúcar.

• **Aumento de resistencia**

Aumento de la capacidad de trabajo y resistencia al cansancio. Nada cuesta, nada resulta esforzado.

• **Trastornos en el sueño**

Dormir poco, generalmente contracturado e inquieto. Despertar temprano. Este síntoma es una alarma importante de la crisis hipomaníaca.

• **Aumento del interés sexual**

Así como ocurre con la comida, el trabajo y otras áreas de la conducta, la euforia trae aparejado un aumento del interés y el deseo sexual. Tendencia a establecer vínculos sexuales múltiples y cambiantes.

Esta facilidad para generar ideas va acompañada por un incremento del imaginar, evocar y hacer, que muestra a los sujetos en estado de euforia como juguetes de un ahora muy variable.

De este modo, así como en la depresión el paciente está dominado por una constante inhibición, en la euforia el rasgo que emerge es el desborde, que es la expresión externa de la vivencia de victoria del yo sobre el objeto amado y perdido, que llega incluso a ser negado y despreciado. El paciente liberado de la culpa y la tortura moral se abandona a esta victoria con un frenesí patético, casi un bacanal, mediante el cual trata de esconder su incapacidad para reconocer y aceptar un duelo.

1.2 Los comportamientos espasmódicos

Las conductas maníacas se caracterizan, además de lo ya señalado, por ser espasmódicas y exageradas. Tal actitud expresa, por una parte, la presencia de mecanismos defensivos de negación y sobrecompensación, que intentan ocultar lo opuesto a los contenidos y vivencias aceptadas por el yo y, por otra, la creencia, por parte del sujeto, de tener el poder para controlar la realidad.

Ocurre, bajo esta circunstancia, algo bien interesante en términos vinculares: la persona en este estado carece de culpa por lo que hace, y los otros con quienes se vincula pierden su status de tales y son tratados como innecesarios.

1.3 Los camuflajes somáticos

Así como en la depresión, también en la manía existe una serie de camuflajes somáticos que delatan y esconden la presencia de este estado emocional sofocado. Generalmente, la manía se presenta bajo los signos "híper": hipertermia, hipertensión, hipertiroidismo, incremento metabólico, etc., si bien existen cuadros clínicos –renales, respiratorios, cardíacos y óseos– en los cuales este afecto se expresa solapadamente. Las "manías físicas" son maneras de negar el dolor de la pérdida y la aceptación de una realidad que resulta displacentera.

2. La trama de la manía

Desde el punto de vista de la observación clínica, los diferentes y tan diversos fenómenos maníacos tienen en común el hecho de que representan formas en las cuales se manifiesta un intenso incremento de la autoestima. Al mismo tiempo, y casi como una circunstancia complementaria, el incremento del propio valor va acompañado de la pérdida de la conciencia de los límites del Yo.

Al perderse los bordes, las restricciones y hasta las inhibiciones, el maníaco hace crecer la fuerza de todas sus funciones, rendimientos y actividades. Se encuentra hambriento de estímulos, experiencias y objetos, no tanto para que se ocupen de cuidarlo y satisfacer sus necesidades, sino por el hecho de que le posibiliten un buen canal para descargar sus impulsos y apetencias ahora irrefrenables.

Lo que complica un tanto la situación –y el pronóstico– es que la persona sometida a este afecto se siente liberada, sin los condicionamientos que imponen la realidad y la "conciencia interior" (moral, normativa, etc.). Sin límites, sin bloqueos, sin reparos, el desborde comportamental (con los consecuentes desastres que ocasiona) es, entonces, inevitable.

Cuando el dique se rompe, el agua contenida durante mucho tiempo estalla y arrastra a su paso todo lo existente, destruyendo violentamente lo que se opone a su curso. En lo profundo de este río psíquico se encuentra la sensación de triunfo y de victoria. Lo que la persona trataba infructuosamente de conseguir en la depresión, parece lograrlo en la manía. *"Ya no se trata tan sólo de suministros narcisísticos, que hagan a la vida nuevamente deseable; es una completa victoria narcisista lo que se halla al alcance de la mano. Es como si todo material de suministro imaginable se hubiera puesto repentinamente a disposición del paciente, en forma tal que, recobrada en mayor o menor grado la omnipotencia primaria, el paciente siente su vida increíblemente intensificada"* (Otto Fenichel).

El sentimiento de triunfo que domina en el maníaco parece estar diciendo: "Soy de nuevo poderoso, no hay nada a lo que tenga que tener miedo, no hay nada imposible". Sin embargo, la manía no es una verdadera liberación de las carencias, sino un "intento torpe de negar la dependencia, la depresión y las pérdidas". En última instancia no conduce a ninguna elaboración posible y, por lo tanto, en vez de hacernos crecer y madurar conlleva un retraso significativo en nuestra evolución como personas. Es tan importante no sostener la creencia de que "no soy nada" como la de que "soy todo". El maníaco tiene que aprender a bastarse con el "soy", a secas.

3. Las etapas de la manía

El desarrollo del proceso maníaco podría describirse en cuatro tiempos: *alerta*, *crisis*, *meseta* y *regreso*.

3.1 Alerta

Esta primera fase se caracteriza porque la persona comienza a acelerarse, no poder dormir, estar hiperactiva, querer hacer mil cosas al mismo tiempo, una jovialidad creciente, desborde afectivo y/o sexual, etc. Es muy importante en esta etapa lograr que el paciente pueda descansar y dormir, ya que este hecho es un elemento significativo para disminuir el riesgo de que la crisis se dispare, pero lo complicante resulta ser la falta de conciencia y percepción del "estar en alerta maníaco".

3.2 Crisis

Si no se logra hacer tocar tierra a tiempo, la crisis maníaca se desencadena y puede tomar caminos bastante peligrosos para la seguridad de la persona, ya que existe una propensión marcada al desborde y la pérdida de límites. Ahora la persona está francamente acelerada, con fuga de ideas, afectos exaltados, muchas veces grandes dosis de ansiedad, en algunos casos ideas delirantes, excitación psicomotriz, etcétera.

3.3 Meseta

Cuando la crisis es conjurada, en oportunidades, luego de un largo período de tiempo, el paciente entra en una meseta emocional y comportamental. Se estabiliza, pero en un nivel de bastante cronicidad. Pero aun así esto resulta un beneficio, ya que da tiempo para actuar terapéuticamente en la búsqueda de la recuperación y la cura. En esta fase predominan sentimientos de miedo, inseguridad y temor a volver a caer en las vivencias y experiencias de la etapa anterior.

3.4 Regreso

En algunas oportunidades los pacientes regresan a la salud. Es difícil decir "nunca más", pero existen numerosos casos de recuperaciones (no sólo de estabilidad o ausencia de crisis) que permiten decir que es posible salir del círculo vicioso de este padecer. Sin embargo, la clínica enseña que la mayoría de las manías alcanzan un nivel salutífero en el logro de una cuota muy baja de "acelere", una especie de "fiebre tolerable" que no molesta al paciente ni a los semejantes, pero que siempre es el recordatorio de algo que, de no cuidarse adecuadamente, puede volver a desgarrar el alma y la vida de la persona.

4. *La manía y sus variaciones*

El dolor que provoca la manía puede manifestarse de muchas maneras, desde la alegría patológica hasta cuadros de excitación, euforia y furor, donde todo límite está borrado.

Desde el punto de vista de la clínica psicológica, las formas más usuales de la manía son:

- *Hipomanía:* es la forma más benigna de la manía y se caracteriza por la presencia de una energía ilimitada, un estado de ánimo eufórico, una abundancia de ideas y una actividad desbordante. Son pacientes llenos de ingenio, humor y jovialidad. Tienen una gran facilidad para conversar, aunque a veces su abundante lenguaje resulta sarcástico e irónico. El hipomaníaco siempre tiene algo que hacer, siempre está partiendo, no parece necesitar descanso nunca. Sus emprendimientos son múltiples y dispersos y muy ocasionalmente termina lo que empieza. Puede tener excesos sexuales y de prodigalidad que muchas veces lo colocan en situaciones de riesgo. A menudo son agresivos, dominantes y extravagantes.
- *Manía aguda:* en esta forma domina la exaltación, el despotismo, la fuga de ideas y el oscurecimiento de la conciencia. El paciente es muy irritable y puede llegar a la furia, el rechazo de los alimentos y a presentar signos orgánicos graves de agotamiento, como la deshidratación.

- *Manía delirante:* el paciente está dominado por una fuerte confusión, sumamente excitado y frecuentemente violento. Su actividad es constante y su ideación muy rápida, lo que lo lleva a no poder hablar con los demás. Aquí aparece una pérdida de peso notable y un agotamiento extremo, que inclusive puede provocar la muerte.

Vale la pena recordar que tanto la manía como la melancolía son extremos afectivos que implican grandes riesgos para quienes las padecen. De modo tal que es conveniente tener una visión adecuada en estos casos para evitar males mayores, y a veces irremediables, en los cuales la autodestructividad hace incurrir al sujeto.

Parte Segunda

EL MUNDO BIPOLAR

Aquí deseo detenerme un momento para pedirle al lector (especialmente si es bipolar, o pariente, amigo o terapeuta de un bipolar) que **deje de pensar por unos instantes todo lo que sabe o "sospecha" sobre bipolaridad hasta hoy**. Que me acompañe en la propia relectura de mi obra (y de mi experiencia como bipolar) sobre el tema.

Ahora lo sé (lo sé *visceralmente* con el cuerpo y el alma, y no sólo con la conciencia) que **la bipolaridad no es una enfermedad**, sino que **es un modo de ser que forma parte de un conjuntos de conductas que se han convertido en *trastornos* que producen padecimiento, porque dichas conductas han sido mal encaminadas**. Sin embargo, la oscilación bipolar es una estrategia para conocer y comprender la realidad, una "prima hermana" del pensamiento concreto, sintético e intuitivo. Veámoslo del siguiente modo: el bebé aprende a *polarizar* (pasar de un afecto a otro antagónico) como un modo de completar una realidad que se le presenta en trozos, fragmentada, y como este método es exitoso lo sigue aplicando a lo largo del tiempo; pero llega un momento (especialmente en el comienzo de su escolaridad, pero antes también) en el cual esta forma de conocer (circularidad, plasticidad, pensamiento concreto, en imágenes, etc.) le resulta insuficiente para abordar ciertos problemas de su vida cotidiana. Su primera reacción es, entonces, la desorientación, luego entra en confusión, y es en ese momento cuando la bipolaridad aparece, precisamente, como respuesta a esa desorientación y confusión, pero como un *error*. A estos frecuentes "errores" la Psiquiatría los denomina "síntomas". Pero mi comprensión de la sanación (como en este momento de mi vida la entiendo) no es el concepto que tienen de ella la medicina o la psicología tradicionales, sino que **ser sano consiste en desplegar las potencialidades que cada uno de nosotros tenemos en nuestro interior**.

Por último, la bipolaridad es "autocreada" (no tengo mejor palabra), quiero decir que no es una condición estructural, sino **un estado de sufrimiento generado por creencias** ("oscilar es malo", "hay que lograr la estabilidad como sea", etc.). Por lo tanto, si la persona lograra liberarse de esas creencias que le causan semejante padecimiento, podría expresarse artísticamente, ser un verdadero creador y dejaría de sufrir a tal extremo.

Por lo tanto, ante un bipolar tal vez la primera pregunta que hay que formularse sea:

¿Cuál es el *talento* que no habrá desarrollado hasta ahora esta persona para que se haya transformado en bipolar?

Lo invito, estimado lector, a continuar caminando...

Capítulo IV

LA BIPOLARIDAD
COMO PADECIMIENTO

A veces no soy más que un ateo
de ese mi dios que soy cuando me exalto.

Fernando Pessoa

Desde muchos lugares se ha hablado, a lo largo de la historia, de la estructura bipolar del hombre, de esta especie de naturaleza pendular que lo define. En realidad, todo el universo está organizado en pares de fuerzas antagónicas que se complementan, y la energía que esta oposición genera es la responsable de que existan el movimiento y la vida.

En los capítulos anteriores hemos analizado la tristeza y la alegría, y algunas de sus formas exacerbadas, señalando que en realidad estas dos manifestaciones están muy íntimamente relacionadas, ya que las une una misma condición emocional de origen. Así, **la tristeza nace ante la pérdida o ausencia de lo que se ama, y la alegría, ante su encuentro o su presencia, de manera que es casi imposible pensar que el sufrimiento depresivo o el maníaco pueden darse aislados.** Por el contrario, todo hace presuponer que, aun en las manifestaciones más aparentemente unipolares, si se hace un exhaustivo y profundo examen, se puede encontrar el polo aparentemente ausente, a veces como síntoma corporal, a veces como patrón de conducta, a veces como un afecto disfrazado.

Partimos, entonces, de la idea de que no existe la depresión pura o la manía pura, sino que siempre la oscilación entre ambos afectos está presente en modalidades más o menos encubiertas. Sin embargo, hay personas en quienes el comportamiento afectivo pendular está activo y está presente en carne viva con una fuerza y un esplendor inequívocos. Es ahí donde generalmente los terapeutas hablan del "sufrimiento bipolar", que expresa de una manera patética y paroxística los dramas más íntimos de la historia de la persona que lo padece.

1. La textura de la bipolaridad

El rasgo característico de la bipolaridad es, sin duda, su ciclicidad, el hecho de que quien la padece está yendo constantemente de un polo al otro, circulando entre la manía y la depresión, entre la alegría y la tristeza. Esto implica la presencia de un necesario grado de inestabilidad emocional, que es la condición que da posibilidad a la alternancia. Esta alternancia puede revestir varias formas, que veremos más adelante, pero todas comparten un mismo semblante exterior:

1.1 La autodestructividad

Las personas bipolares poseen una gran tendencia a destruir con sus comportamientos todo lo que construyen, trátese de vínculos afectivos, desarrollos profesionales o laborales. "...*Al borde estoy de ser / lo que más aborrezco: / Caín de lo que quiero*", dice en estos versos muy gráficamente el poeta español Pedro Salinas.

Es muy frecuente encontrar en los relatos de pacientes con este padecimiento un regular y constante reconocimiento de que fueron

Manifestaciones externas de la bipolaridad

Naturaleza endógena

En las manifestaciones bipolares tiene un rol muy importante la condición interior tanto de aquellos factores como herencia, constitución, humores y hormonas, como los biográficos. Sin embargo, esto no implica exclusividad, ya que los factores exógenos son también relevantes.

Tendencia rítmica

Esta conducta se caracteriza por una virtualidad de crisis, por una tendencia rítmica profunda de las oscilaciones del humor, que se reiteran a lo largo de la vida. Esta ciclicidad puede estar separada por "mesetas" de aparente o real estabilidad, pero la posibilidad de caer en una "fase" de depresión o manía está amenazando latentemente.

Comportamiento irregular

Otro rasgo importante de los bipolares es la irregularidad de su conducta, que no sigue, generalmente, una línea directriz, sino que sube y baja de acuerdo con su tiempo emocional interno. Esto hace que se resientan sus rendimientos laborales, de estudio, etc., ya que los hace aparecer como inconstantes y poco disciplinados.

Actitud frente a la fatiga

Los bipolares tienen una tendencia bastante característica de ir cansándose de a poco, progresivamente. A esto se le une el mismo proceso en el aburrimiento, de modo tal que el bipolar debe, cada tanto, detener su actividad para evitar así estas vivencias, ya que cuando lo invaden siente que son situaciones de las cuales no puede salir.

Vínculos y proyectos cambiantes

Otra cuestión de importancia es todo lo relacionado con los vínculos y los proyectos. El bipolar cambia rápidamente de actitud frente a sus proyectos y a sus afectos, le cuesta mantener relaciones durante mucho tiempo y es común encontrar en las historias de estas personas muchas experiencias de cambio laboral y de pareja.

Reacción frente a situaciones nuevas

En general, los bipolares tienen una excitación inicial débil y una resonancia de corta duración. Puede ocurrir, sin embargo, que al inicio las nuevas propuestas tengan una intensidad creciente que decae a poco de andar. Esto mismo le ocurre respecto a los objetos y las personas: acercamiento afectivo fácil sin consecuencias prolongadas. Pero en situaciones excitantes, éste puede ser explosivo.

sus actitudes las causantes de sus pérdidas, tanto materiales como anímicas.

En las profundidades de su alma puede descubrirse un hondo e inconsciente sentimiento de autodestructividad, que seguramente está enlazado con la falta de autoestima y valoración personal. Es como si estas personas expresaran con sus conductas: "Nada puedo tener, porque de nada soy merecedor".

Esto conlleva, para los pacientes, mucho sufrimiento y penurias de soledad, dificultades materiales y de inserción social, que llenan su corazón de un sentir doloroso e irreparable.

1.2 Sentirse incomprendidos

Otra faceta interesante de las personalidades bipolares es la conciencia de ser incomprendidos, más específicamente de que nadie puede entender los motivos del "desastre que han hecho de sus vidas", en parte porque son ellos los primeros que no saben el porqué.

Esta vivencia de aislamiento y diferencia los lleva muchas veces a excluirse de la vida social, pero no se trata de un sentimiento de orgullo, superioridad o histeria sino de un intenso sentimiento de desarraigo y desconexión. Es para ellos un "callejón sin salida", no pueden ver la luz al final del túnel y en muchos casos desarrollan una postura de aceptación resignada.

1.3 La voraz curiosidad

A causa de que los bipolares suelen estar muy conectados con su entorno tienen un natural incremento de la curiosidad. Esto hace que muchas veces estén saltando de una cosas a la otra y que sean evaluados como distraídos cuando en realidad están "devorando el mundo" con su percepción. Con esto se relaciona el horror bipolar al tedio y el aburrimiento y el fuerte desarrollo de los sentimientos de interés que no tiene otro objeto que el estar interactuando activamente sobre las cosas con las cuales se relaciona. Interacción que implica intento de modificarlas o de ser modificado por ellas.

1.4 El don de los matices

Desde un perspectiva positiva el oscilar implica la capacidad de poder ponerse en otro punto de vista diferente del actual y resulta una buena estrategia para comprender lo que no se conoce. En este pasaje de un polo al otro el bipolar va recorriendo un gama de gradientes a una gran velocidad que le permite, cuando está bien aspectado, alcanzar el dominio de una vasta escala de emociones que le da una enorme capacidad de tonos afectivos y matices en los vínculos y la comunicación.

1.5 Pensamiento concreto

Las formas del pensar reflejan maneras de vislumbrar y entender el mundo. El pensamiento bipolar es circular, dialéctico, dinámico, totalizador, pleno de cualidades sensibles, como una especie de sistema de conceptos vivos sumergidos en imágenes, de manera que, para él, el universo es una realidad concreta, plástica pero sobre todo en movimiento. Por otra parte, además de este rasgo, el pensamiento bipolar posee una orientación intuitiva y multidimensional. Lo primero lo lleva a ser capaz de llegar a conclusiones sorprendentes aunque no pueda dar cuenta de los procesos que lo llevaron a tal respuesta y, lo segundo, a experimentar los pensamientos como realidades desde incontables puntos de vista simultáneos con una gran intervención de todos sus sentidos.

1.6 Los camuflajes bipolares

Muchas veces la bipolaridad no aparece como afecto sino como equivalentes corporales. En estos casos, en general, se reviste bajo la forma de síntomas cíclicos y/o alternantes. Así, por ejemplo, patologías como la epilepsia, la urticaria, el cuadro combinado y alternado de híper e hipotensión, vértigos, cefaleas, diarrea-constipación, fiebres recurrentes, temblores, psoriasis son algunas de las posibilidades por donde se canalizan, sustitutivamente, los afectos de la depresión y la manía.

1.7 Creatividad

Francisco Alonso Fernández señala que *"se dispone de suficiente documentación para señalar que la personalidad ciclotímica, el terreno predilecto del trastorno bipolar, acumula rasgos positivos para la creatividad filosófica y de otras modalidades, debido a sumar como un privilegio facultades como las siguientes: el instinto de búsqueda de nuevas ideas o experiencias, la firmeza para mantener posturas poco convencionales, el espíritu de riesgo para la lucha social y el debate del pensamiento, entre otras...".*

Esta afirmación del autor de *El talento creador* (Ed. Temas de Hoy, Madrid, 1996) es coincidente con mis investigaciones al respecto, que apuntan a mostrar que la creatividad del bipolar se amplifica gracias, por una parte, al carácter concreto (por imágenes), intuitivo, multidimensional y dialéctico de su pensamiento y, por otra, a la curiosidad, esta actividad que Fernández Alonso ubica como *"instinto de búsqueda de nuevas ideas y experiencias"*. Y que Ron Davis le atribuye la cualidad de ser una fuerza más intensa que la gravedad, la energía motriz que está detrás de la creatividad y de la evolución del hombre.

1.8 Torpeza

En muchas oportunidades los bipolares tienen comportamientos torpes, son desmañados y deslucidos en sus conductas y parecen ineptos e inhábiles en sus relaciones interpersonales. Inclusive pueden padecer desorientaciones espaciales y pérdida del equilibrio. Pero fundamentalmente la impericia parece centrarse en sus vínculos y en el orden de su vida. Cuando esto ocurre, el bipolar se siente frustrado e invalidado, por lo tanto, disminuye su autoestima (ya decaída) y él se traba y paraliza aún más, o bien, por el contrario, se acelera y se torna un tanto hiperkinético, conducta que lo lleva a aumentar su incordinación.

2. La trama bipolar

La bipolaridad es una condición universal del hombre que expresa la continua lucha de éste por el mantenimiento de su autoestima.

Cuando niño el paciente bipolar sintió que no recibía el amor, el cuidado, la protección y el sostén que necesitaba, de modo tal que creció bajo la impresión de una insuficiencia afectiva que pudo llegar a convertirse en una importante carencia.

Su interpretación de este hecho fue determinante para la constitución posterior de su sufrimiento bipolar. Su creencia de entonces puede resumirse diciendo: "Si no me aman, es porque no lo merezco, y si no merezco es porque no valgo nada". De este modo la autoestima, la autoconfianza y la seguridad personal quedaron fuertemente dañadas y quebradas.

A partir de estas premisas el niño fue inscribiendo en su psiquismo una serie de pautas mentales no menos importantes. Si "no valgo nada" es porque "soy indigno", entonces "está bien que no me quieran y que las cosas en la vida me sean hostiles" (el círculo vicioso de la depresión) o "no me importa que me den", "estoy indignado", "no necesito nada" (círculo vicioso de la manía).

Frente a esta situación, la pregunta que surge es, entonces, bajo qué condiciones psicológicas e históricas se hace posible que estos dos estados afectivos (depresión y manía) se combinen en una persona.

La respuesta no es simple. Podría decirse que las personas bipolares son fuertemente ambivalentes frente a su propio Yo, que no han podido "decidir" por el aceptarse o rechazarse. En el polo depresivo manifiestan una fuerte hostilidad hacia sí mismos, en la manía un extremado amor. Se aman y se odian, sin poder integrar ambos aspectos en una misma realidad. *"No soy nada. / Nunca seré nada. / No puedo querer ser nada"* –dice en este poema Fernando Pessoa, pero luego agrega–: *"Aparte de esto, tengo en mí / todos los sueños del mundo"*; es decir, hay conciencia (suponemos dolorosa) de ser nada, o sea hay un sentimiento de odio, de autodesprecio por ello, pero, al mismo tiempo, este yo poético tiene sueños de una vida distinta, es decir, está "enamorado" de esa parte de su ser que tiene proyectos.

Este ir y venir de un lado al otro es un ciclo que transcurre entre períodos de intensificación y atenuación de sentimientos de culpa y remordimiento, entre sentimientos de aniquilación y omnipotencia, de castigo y de reiteración del pecado, de expiación y de trasgresión, de depresión y de euforia, de tragedia y de sátira. En última instancia, entre hambre y saciedad, patrón básico en el cual el ser alimentado quedó ligado, desde los primeros tiempos de vida, al ser amado y el hambre al ser rechazado.

3. La bipolaridad y sus formas

La bipolaridad puede mostrarse bajo diferentes formas clínicas. Antes de señalar las más representativas es conveniente recordar que existe un gran número de manifestaciones de este tipo asintomáticas afectivamente, pero presentes por intermedio de numerosos camuflajes somáticos y comportamentales. Del mismo modo existen cuadros en los cuales sólo aparece uno de los polos emocionales, mientras que el otro lo hace por intermedio de un equivalente físico.

En el caso donde aparecen definidos y alternadamente ambos estados emocionales de manía (euforia, alegría patológica, exaltación) o depresión (tristeza, melancolía, desesperanza) la pendularidad se organiza en tres grandes posibilidades:

a. *Alterna:* en donde se dan accesos de manía y melancolía separados por períodos de normalidad.

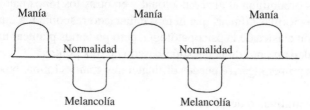

b. *Periódica alterna:* acceso de manía seguido de melancolía o viceversa, separados por un período de normalidad.

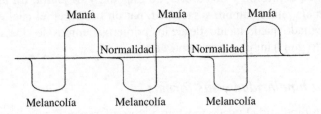

c. *Circular:* en donde la manía y la melancolía se suceden sin remitencia a la normalidad.

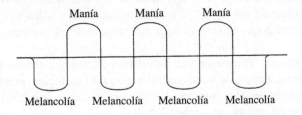

Hay que destacar que cada fase (manía o melancolía) puede tener una intensidad diferente, de manera que hay personas en las cuales predomina el alza emocional y en otras los tonos bajos.

Las formas clínicas que hemos enunciado responden a una concepción clásica de la psicopatología, pero podemos plantear un nuevo ordenamiento de la cuestión basado en tres puntos:

En primer lugar, se pueden distinguir tres grandes formas bipolares:

- sustitutivas o desplazadas,
- afectivas (tímicas) y
- mixtas.

Las *formas sustitutivas* abarcan las patologías bipolares que han sido sofocadas y aparecen como manifestaciones corporales o conductas sustitutivas; es decir, todas aquellas expresiones en donde el afecto bipolar está presente sólo por medio de síntomas corporales o conductales. Las *formas afectivas* son aquellas en las cuales aparecen las emociones de la alegría o la tristeza (de modo alterno, dual o circular) tal como son. Finalmente, las *formas mixtas* incluyen tanto elementos psíquicos como físicos.

En segundo lugar, podemos decir que las *bipolaridades afectivas* pueden subdividirse en neuróticas, borderline y psicóticas. Cada una de ellas se manifiesta en un grado de enfermedad que va desde la permanencia en la realidad, hasta la enajenación absoluta de ella, pasando por formas (borderline) en donde parecen coexistir tanto aspectos neuróticos como psicóticos y en donde se hace muy difícil el diagnóstico.

Por último, puede hablarse de las bipolaridades disociativas, paranoicas, obsesivas, fóbicas, histéricas, en las cuales predominan, secundariamente a la bipolaridad, aspectos de cada uno de estos cuadros. Así, por ejemplo, el bipolar disociado se muestra distante, introvertido y aislado, mientras que el histérico es fabulador, ingenuo, seductor y muy influenciable.

En el cuadro siguiente pueden encontrarse sistematizadas estas diferencias que acabamos de describir:

Formas bipolares

Sustitutivas: en donde la bipolaridad se expresa por medio de síntomas físicos o conductas equivalentes.

Mixtas: un polo de la bipolaridad se manifiesta por medio de los afectos y el otro como equivalente conductal o somático.

Afectivas: en donde la bipolaridad aparece como afectos de euforia y depresión de manera definida y alternada.

A su vez, las formas bipolares tímicas pueden ser:

Formas bipolares tímicas

> **Neuróticas:** la bipolaridad aparece sin que se perturbe la conciencia de enfermedad y el juicio de realidad. Por otra parte, los síntomas son vividos como egodistónicos (como algo que no le pertenece).
>
> **Borderline:** la bipolaridad aparece con una mezcla de signos neuróticos y psicóticos en un mismo cuadro de conjunto.
>
> **Psicóticas:** la bipolaridad se presenta en el sujeto con pérdida del juicio de realidad, de la conciencia de enfermedad y síntomas egosintónicos (como algo que acepta como propio).

Las *formas afectivas* (*tímicas*) *neuróticas* pueden presentarse con ciertas modalidades secundarias que caracterizan o dan semblanza particular a cada una de las figuras bipolares. Entre las más importantes de estas modalidades, los estudios clínicos permiten diferenciar seis importantes grupos:

- Disociativa (observadora no participante)
- Paranoica (perseguida)
- Fóbica (evitativa)
- Histérica (demostrativa)
- Obsesiva (lógica)
- Impulsiva (de acción)

1) Disociativa

Sobre la bipolaridad de fondo predomina un comportamiento retraído, distante, introvertido y poco comunicativo. Son bipolares con tendencia a la intelectualización, la impenetrabilidad y el aislamiento, y con marcadas dificultades para aceptar ayuda.

Existe un gran déficit psíquico en sus capacidades para la interacción con las otras personas. La observación sustituye, siempre que se puede, la participación en la vida cotidiana y social. Esto los lleva a que se vinculen, más que con personas, con ideas, conceptos e ideales.

2) Paranoica

Aquí predomina la sensación de ser observado, controlado o perseguido. Su comportamiento suele ser rígido, intolerante, susceptible, irritable y orgulloso. Son bipolares con tendencia a la interpretación de cada acto y situación de la vida, de modo que esta permanente autorreferencia los lleva a construir un mundo lleno de "fantasmas" y complots imaginarios. Consecuentemente, tienen una gran dificultad para hacerse cargo de lo que ellos mismos generan.

3) Fóbica

Se trata de bipolares en donde se acentúan los miedos, las conductas de evitación y de huida de situaciones que debe enfrentar, la búsqueda de protección y la inhibición de ciertas expresiones afectivas.

Son muy ansiosos, dominados por temores incontrolables de encontrarse con algo que es vivido como peligroso y del cual se debe escapar.

4) Histérica

En este caso predominan las conductas de fabulación, seducción y dramatización. Son personalidades ingenuas, vulnerables, inconstantes, dependientes y muy influenciables.

Estos bipolares suelen manifestar una gran tendencia a hacer conversiones simbólicas en el cuerpo, en donde no hay daño somático pero sí alteración de la función. Por otra parte, suelen decir una cosa y hacer otra, poniendo el énfasis en la acción antes que en la palabra. Inversamente, al percibir, ponen más atención a la palabra que a la acción.

5) Obsesiva

En esta variedad bipolar está incentivada la conducta ritualista, el aislamiento de los afectos, el orden y la racionalización de todo hecho.

Son bipolares minuciosos, rumiadores de ideas, siempre dudando, compulsivos y dominados por un afán de rotular o clasificar las experiencias y la realidad. Esto último se debe a la profunda necesidad que tienen de controlar la angustia, antes que establecer una genuina relación con los demás. Este anhelo de control puede manifestarse en la repetición de ciertos comportamientos que pueden llegar a adquirir el status de rituales o ceremoniales. Por otra parte, son notables aquí los sentimientos de culpa, de vergüenza y de agresión contenida.

6) Impulsiva

Son personalidades manipuladoras, dominantes y de acción. Tienen una gran tendencia al uso de los otros para sus fines propios y su interés se centra primordialmente en el mundo externo. Por lo tanto, tienen una gran dificultad para la autoobservación.

A veces se transforman en tiránicos y autoritarios y anhelan que las cosas se hagan exclusivamente a su manera. Tienen un bajo nivel de tolerancia a la frustración y pueden reaccionar, ante esa circunstancia, con agresividad. En oportunidades, sus tendencias impulsivas los llevan a incorporar conductas adictivas.

Por su parte, las *formas bipolares tímicas borderline* constituyen un capítulo bastante interesante, ya que parecen ser manifestaciones más abundantes de lo que en un primer momento se podría pensar. Por ahora no existe un criterio ordenador claro, ya que su semblante clínico, más allá de la bipolaridad, parece complicarse con la presencia de signos "extraños" y "raros", la mayor parte de las veces de dudosa explicación, o directamente inexplicables.

Otro hecho cierto es la general presencia, en estas formas bipolares, de "microdelirios", es decir, manifestaciones delirantes atenuadas pero que no dejan por eso de ser merecedoras de la observación terapéutica. Habría que prestar a este síntoma una particular atención, ya que estas formaciones psíquicas encierran el contenido de una verdad (o un recuerdo) infantil olvidado que pugna por salir a la luz.

Finalmente, las formas *bipolares tímicas psicóticas* (según el criterio que estamos sosteniendo de que no existen trastornos afectivos del síndrome distímico exclusivamente unipolares) pueden agruparse en tres grandes cuadros: manía, melancolía y estado maníaco-depresivo. Este último, a su vez, con las tres grandes presentaciones que ya han sido estudiadas en las páginas anteriores.

No hay que perder de vista que todos estos modelos, si bien tomados de la realidad, no dejan de ser construcciones teóricas, y que, de hecho, las evoluciones que más se observan son las atípicas e irregulares, de modo que hay que estar bien dispuestos a tomar en consideración, para hacer una evaluación más global y precisa, no sólo un momento o una circunstancia de la persona, sino también el transcurrir de una vida. Sólo en este contexto de conjunto puede comprenderse y diagnosticarse la bipolaridad.

Tengo la impresión de que el análisis de la totalidad de la vida es lo que posibilita una adecuada comprensión de la presencia de esta enfermedad, y que su falta ha conducido, en muchos casos, a diagnósticos errados, tardíos o ausentes.

Capítulo V

LA BIOGRAFÍA DEL
PACIENTE BIPOLAR

> *Usted sabe de sobra que en casi todas las familias ocurre algo*
> *que se disimula en presencia de los extraños.*
>
> Agusto Strindberg, *Padre*, Acto I

La investigación psicológica ha podido establecer la existencia de algunas regularidades en la historia de los pacientes bipolares. De este modo ha sido posible reconstruir, hasta cierto punto, un esquema de la posible secuencia de acontecimientos, internos y externos, que han sido necesarios para que este padecimiento se formara.

La cuestión consiste en tomar este modelo como un marco de referencia, útil para los fines explicativos, pero no para ser convertido en otra cosa que no sea una herramienta que nos oriente en la comprensión de una realidad bastante compleja y, en cierta medida, inabarcable por la palabra.

Quizás a medida que el tiempo avance, la ciencia podrá ir dando respuestas cada vez más acabadas, pero la esencia del dolor bipolar (conocido gracias, en parte, a los estudios realizados por el Psicoanálisis) ha sido descubierta y puesta en evidencia por poetas y escritores a lo largo de toda la historia y en todas las culturas.

Las preguntas que uno podría hacerse son: ¿por qué ha habido tanta dificultad en la clínica para detectarla? y ¿por qué tantos pacientes han sido diagnosticados tan tardíamente? Parte de la respuesta radica en lo siguiente, que vale la pena enmarcar:

La terapéutica sólo concebía la bipolaridad en términos de locura (psicosis maníaco-depresiva), no advirtiendo que la mayor franja de pacientes con este síntoma no pierden la realidad, sino que andan circulando por la calle con su sufrir a cuestas.

1. El clima familiar

En general, los pacientes bipolares provienen de familias con un fuerte aislamiento en relación a su entorno. La falta de contacto social se justificaba, en la conciencia del grupo familiar, por causa de factores culturales, educativos, económicos, étnicos, de enfermedades, u otros, y era percibida como algo de mucha importancia, frente a lo cual se debían desarrollar fuertes esfuerzos de sobreadaptación para lograr la aceptación del medio que lo rodeaba. Esto se traducía, por ejemplo, en una excesiva preocupación por lo que los vecinos y amigos pensaban de la familia y la búsqueda de prestigio mediante el crecimiento económico, intelectual, etcétera.

Los niños, educados dentro de este clima, desplegaban, entonces, un estándar bastante estricto y elevado de "buena conducta" y una dependencia extrema acerca de las opiniones "de los de afuera". Por otra parte estos niños eran usados, inconscientemente, como medio para elevar la posición familiar. En este sentido *se encontraban devaluados como niños, y sus logros financieros, académicos o de otro tipo sólo adquirirían importancia en la medida en que servían a la necesidad de elevar el prestigio de la familia"* (Melvin Zax).

La trasmisión del mandato de "adquirir prestigio" era una función materna, generalmente de una madre ambiciosa, que por otra parte, desvalorizaba la figura del padre. Esto daba lugar a que el niño percibiera a la madre como "la fuerte" del grupo, como el referente de autoridad al cual había que dirigirse para obtener permiso y reconocimiento. En este contexto el padre aparecía como afectuoso pero débil y muchas veces era visto como fracasado, aunque realmente no lo fuese. La aceptación paterna de esta situación daba lugar a que en el alma del niño se gestase la creencia de que el padre no era un buen modelo para imitar e identificarse.

Los padres del futuro bipolar demostraron, desde su concepción, un deseo de aceptarlo, cuidarlo y protegerlo. Pero este deseo estaba más dictado por una exigencia moral que por un verdadero sentimiento de entrega. Los padres querían dar y proveer al niño de todo aquello que satisficiera sus necesidades, "educándolo" progresivamente en la escuela de la receptividad, actitud que concluyó con establecer dentro de él una pauta mental según la cual "hay que aceptar todo lo que se me ofrezca". Esto genera una absoluta dependencia del suministro de afecto y alimento de la madre, dependencia que luego se extiende a la totalidad de los adultos significativos y los valores que éstos le trasmiten.

2. Los primeros tiempos de vida

La mayoría de los investigadores acuerdan que el futuro bipolar ha tenido un madre sobreprotectora que fomentaba, desde los primeros tiempos de vida, la dependencia completa de su hijo hacia ella y sus requerimientos. Al mismo tiempo, estas primeras etapas de vida estaban caracterizadas por un alto grado de bienestar, satisfacción y nutrición, que le daban al bebé un cierto grado de seguridad y confianza.

A medida que el niño crecía su autonomía de movimiento y pensamiento aumentaba y se volvía rebelde. Esto generaba en la madre

sentimientos de incomodidad y rechazo, los cuales, como consecuencia, la llevaban a un cambio de actitud hacia el niño: en forma
relativamente abrupta, de ser una persona abnegada y cumplidora
de su deber con el bebé, se volvía exigente.

Esta nueva actitud de la madre –que ocurre a partir del segundo
año del bebé– transforma radicalmente el medio ambiente del niño
y lo deja expuesto a la posibilidad de severos traumas. La madre
continúa cuidándolo, pero menos que antes, y le comienza a deman-
dar obediencia. El chico recibirá afecto y cuidado siempre que acep-
te las exigencias de sus padres y viva de acuerdo con sus mandatos.

¿Qué representa este cambio para el niño?

Comienza a sentirse ansioso y confundido, y su problema radica
en no poder integrar las dos imágenes, bien distintas, de su madre.
Por una parte, la vive como bondadosa, cordial, tierna y abnegada y,
por otra, como demandante, poco afable, dura y castigadora.

En su novela autobiográfica *El amante*, Marguerite Duras, refi-
riéndose a ese sentimiento ambivalente de amor-odio que tiene por
su madre en la infancia (que luego determinará su tormentosa vida
de adulta), escribe:

> En las historias de mis libros que se remontan a la infancia, de
> repente ya no sé de qué he evitado hablar, de qué he hablado, creo
> haber hablado del amor que sentíamos por nuestra madre, pero no
> sé si he hablado del odio que también le teníamos y del amor que
> nos teníamos unos a otros y también del odio, terrible, en esta his-
> toria común de ruina y de muerte que era la de nuestra familia; de
> todos modos, tanto en la del amor como en la del odio, y que aún
> escapa a mi entendimiento, me es inaccesible, oculta en lo más pro-
> fundo de mi piel, ciega como un recién nacido. Es el ámbito en cu-
> yo seno empieza el silencio. Lo que aquí ocurre es precisamente el
> silencio, ese lento trabajo de toda mi vida. Aún estoy ahí, ante esos
> niños posesos, a la misma distancia del misterio. Nunca he escrito,
> creyendo hacerlo, nunca he amado, creyendo amar, nunca he hecho
> nada salvo esperar delante de la puerta cerrada.

(Obsérvese, de paso, en la cita anterior, el sentimiento de sincera y profunda *desvalorización* y de absoluto pesimismo en cuanto a la posibilidad de penetrar en su inconsciente, conocerse a sí misma y hallar la "salida": *"nunca he hecho nada salvo esperar delante de la puerta cerrada"*. Sin embargo, esta gran escritora incursionó con notable reconocimiento internacional no sólo en la literatura (incluso el teatro), sino también como guionista de cine. Y tras una profunda crisis psíquica originada, precisamente, en su infancia, y marcada por su adicción al alcohol, ella pudo emerger de ese padecer *a través de* haber logrado *expresar su deseo*: escribir. De ese deseo realizado surgirán no sólo *El amante*, sino también otras dos obras maestras más: *El hombre sentado en el pasillo* y *El mal de la muerte*. Nunca sabremos si habrá sido feliz, si habrá sanado de su padecimiento psíquico, pero podemos sospechar que alguna forma de felicidad le habrá deparado ese "algo" que hizo para ser ella misma: su escritura, su creativo intento por abrir su puerta interior y también para atravesar la de salida del infierno... **De allí, mi insistencia en que la bipolaridad es curable en la medida en que el paciente pueda ir despertando su creatividad dormida y expresándose, aun en medio de su inestabilidad emocional, y si se le permite, desde la terapéutica, y se lo acompaña a fluir libremente y sin miedo a su oscilación. Si se atreve a –y lo dejan– "pensar con el cuerpo"* como dice Spinoza.**)

---

* Precisamente, "Lo que el cuerpo piensa" se titula un artículo de Luis Mattini, donde el autor hablando de los movimientos asamblearios autónomos (pero que bien se puede aplicar a la "comunidad" bipolar), dice entre otras consideraciones: "Justamente, es *el cuerpo* el que percibe y *resiste* la fetichización que ha capturado al cerebro, pues éste es el que ha desarrollado la *'creencia de que no hay ninguna alternativa'* [...] Cuando la gente encuentra la alternativa que antes le estaba velada [...] se pone en movimiento y el deseo supera la limitación de la conciencia. (La conciencia es el estrecho pensar del cerebro; el deseo es toda la potencia del pensamiento del cuerpo.) Porque esa falta de 'creencias' en alternativas no se debe tanto a la falta de imaginación, inteligencia,

Hay que tener en cuenta que el futuro bipolar fracasa, cuando niño, en la integración de estos dos aspectos "complementarios" de la realidad materna y no accede a la aceptación de la experiencia de la ambivalencia que es la condición, para cualquier persona, de alcanzar un equilibrio emocional y psíquico estable y saludable. Por el contrario, los sentimientos positivos y negativos dirigidos hacia la madre, y sus correspondientes aspectos yoicos, van a funcionar desintegrados y llevarán existencias separadas. Es por esto que para mucha gente los bipolares parecieran ser dos personas diferentes (una bondadosa, otra destructora), que reflejan, cada una, estos aspectos internos separados o disociados.

Hay otras experiencias que pueden llevar a la madre a un cambio de actitud con respecto a su hijo. Entre las más importantes está la presencia de un nuevo embarazo. La madre, que fomentó la receptividad, crea, ante esta nueva situación, un clima de expectativas y exigencias al cual el niño debe adaptarse, casi sin transición, para seguir siendo querido.

Con el nacimiento de un nuevo hermano las relaciones padres-hijo se transforman porque la misma fuerza que impulsó a los padres a cuidarlo, los lleva ahora a proveer lo mismo al nuevo hijo. No se trata de que los padres ahora lo descuiden, sino que al tener que compartir su tiempo se ocupan de él de una manera distinta. El chico vive esto como un desengaño amoroso, vivencia que se transforma fá-

---

ni siquiera conocimientos, como a la persistencia de un sistema de creencias llamado 'conciencia' que les ha dicho cuál es el lugar de cada uno en el mundo. [Hay que] romper con la 'conciencia' para dar lugar al deseo y liberar las fuerzas creadoras de la multitud. [Aquí sustituiríamos 'del bipolar', quien debe resistir al poder de la Psiquiatría que lo obliga a 'no oscilar', es decir, a ser estable como 'se *debe* ser' en esta sociedad... cambiante, ¡vaya contradicción!] "No se trata de un canto al caos, al nihilismo" –prosigue Mattini–. "Son búsquedas por medio del cuerpo que piensa y que en ese camino aprende lo que ese cuerpo puede" (www.lafogata.org).

cilmente en la de abandono y que tiene que ser manejada de tal forma que le permita adaptarse a la nueva situación y a las nuevas condiciones y exigencias que ésta le plantea. ¿Qué hace entonces?

Básicamente, el niño necesita adaptarse a la nueva situación que se ha creado y lo hace aceptando las expectativas de sus padres, viviendo de acuerdo con ellas, no importa el costo que esto implique. Su sensación es que sólo "obedeciendo" puede lograr conseguir el amor que gozaba siendo bebé, o por lo menos mantener el que está recibiendo en ese momento, ya que si no lo hace va a ser castigado: la madre dejará de amarlo.

Edward Glover señala: "*La ansiedad de ser incapaz de satisfacer las expectativas de sus padres se convierte en sentimiento de culpa, porque no ha cumplido con lo que se esperaba de él. Cuando se siente culpable, espera el castigo; desea ser castigado porque el castigo es el menor de los males; mucho más grave sería perder el amor de su madre. Si no es castigado, frecuentemente se esfuerza por autocastigarse*".

Pero toda esta situación genera en el niño complejos sentimientos de ira contra esos padres que lo han llevado a tener que asumir tantas responsabilidades, que se manifiestan en frecuentes rabietas o en enfermedades psicosomáticas. Pero la bronca, el resentimiento y el rencor, actuados o fantaseados, a su vez provocan sentimientos de culpa, remordimiento y desvalorización, estableciéndose así un círculo vicioso de oscilación entre el odio y el amor que sirve de base para la formación de la futura patología bipolar y del cual pareciera imposible poder escapar.

3. Los tiempos posteriores

Durante la niñez el bipolar se destaca en su medio como alguien que posee cualidades y talentos especiales que lo hacen, generalmente, en la realidad o en el imaginario colectivo, la persona más capaz de la familia. En él están puestas todas las ilusiones de los padres (especialmente la madre) y esto lo va llevando a que insensiblemente llegue a ocupar un lugar especial en su grupo, que le impone un carga adicional de responsabilidad, lo hace objeto de la envidia de sus hermanos y lo lleva incluso a competir con alguno de sus padres.

El paso del tiempo no trae la pérdida de este espacio. Por el contrario, parece aumentarlo y esto produce que el niño deba dedicar mucha energía en mantenerse en esta posición, defenderse de la envidia, dar satisfacción a las demandas crecientes de sus padres y a cumplir con el mandato autoimpuesto de elevar la posición familiar a través de sus logros personales, ya que se siente responsable de las dificultades, fracasos y éxitos que se producen en el seno familiar.

Con el objeto de defenderse de la envidia, la rivalidad y los celos de los otros, el futuro bipolar adopta una actitud de modestia, humildad y timidez, tratando de no destacarse y estando siempre a la expectativa de lo que los otros piensan y desean. Esta máscara termina por hacer nacer dentro de él, cuando adulto, un fuerte sentimiento de insatisfacción y desconocimiento de sí mismo, así como conductas inauténticas que lo conducen a establecer vínculos y relaciones condenadas al fracaso, el tedio o la falta de placer.

El mito de ser diferente y merecer ocupar un lugar especial le significó al niño –como podemos apreciar– el tener que pagar de grande, un elevado precio: un sufrimiento bipolar que no lo abandonará en ningún momento y que lo marcará en todas las áreas de su vida y una vivencia sobre su historia semejante a la que Gustavo Adolfo Bécquer plasmara en ese poema que dice: *"Mi vida es un erial: / flor que toco se deshoja; / que, en mi camino fatal, / alguien va sembrando el mal / para que yo lo recoja"*.

4. La adolescencia

La entrada del niño en la adolescencia lo coloca frente a una experiencia de pérdidas y exigencias. Debe separarse de los padres, la identidad y el cuerpo infantil, y estar dispuesto a transitar una etapa de indefinición e intensos cambios para los cuales no se encuentra totalmente preparado, porque la dependencia en la cual ha sido criado lo ha tornado hasta cierto punto un "inválido" para manejar su propia libertad.

En este período es frecuente una actitud marcadamente pendular en torno a cuestiones morales y una intensa necesidad de ser aceptado y reconocido por sus pares y por los nuevos adultos con quienes se relaciona. Del mismo modo pasa del aislamiento a la búsqueda de compañía, de la depresión a la euforia, de la abulia a la actividad, hechos que en general se confunden con la temática de inestabilidad propia de la adolescencia.

Lo que no conviene dejar de destacar es que, si bien la ambivalencia afectiva es un fenómeno normal en la adolescencia, en estas personas, futuras bipolares, se trata de una experiencia que refuerza aún más su disociación y, por lo tanto, aumenta su predisposición a la enfermedad.

Esto lleva, entonces, al adolescente con base bipolar a comportamientos exageradamente pendulares, marcadas dificultades en construir su identidad y a cambios en la autoestima muy intensos, que un ojo observador puede reconocer.

5. Los factores precipitantes

Las causas que desencadenan los primeros episodios bipolares están asociadas a pérdidas, ganancias, cambios de vida y a otras situaciones en donde la dependencia de la persona está puesta en crisis y, por lo tanto, los modos "seguros" de funcionamiento se tornan en incertidumbre. Otra razón de peso son heridas en la autoestima, fracasos de planes y proyectos, pérdidas de amor.

El futuro bipolar va en la vida reclamando afecto, cuidado y protección y mientras estas demandas estén satisfechas su estabilidad está preservada, pero ante la menor privación puede precipitarse en una fase de comienzo a veces maníaca, a veces depresiva.

A esto habría que agregar la baja tolerancia existente en la predisposición bipolar a la frustración, que lleva fácilmente a esta persona a la crisis a partir de la cual las reiteraciones patológicas se hacen constantes.

En general, cuando este proceso emerge, es raramente atendido como tal y la falta de una adecuada terapéutica aumenta los riesgos futuros de la enfermedad.

6. Consideraciones finales

Están aquí expuestas algunas de las regularidades históricas de la vida de los bipolares; puede apreciarse que a lo largo de ella aquéllos van construyendo un modo de percibir y comprender la realidad basado en el termómetro del estado de su autoestima, que sube y baja de acuerdo con los "suministros" de afecto, reconocimiento, aceptación y cariño que recibe del mundo exterior.

La dependencia lo hace vulnerable y un inválido para amar, producir y crear con libertad, autonomía y autenticidad.

De modo que el bipolar es una persona que:

- desea amar, sin saber cómo hacerlo,
- anhela ser libre, sin animarse a tomar la decisión de concretarlo,
- necesita producir de acuerdo con su interés, sin sentirse capaz para hacerlo, y
- busca crear sin ataduras a lo que el deber le dice que se espera de él, sin que se anime a romper los mandatos internos que lo limitan.

Así la decepción lo invade, la pérdida de autoestima aumenta y siente que nunca podrá salir de la cárcel que lo encierra, sin darse cuenta de que los barrotes que lo aprisionan sólo él los mantiene imaginariamente allí y que puede, con esfuerzo y trabajo interior, romperlos y ser al fin libre. Esto ocurre cuando, al decir de Marguerite Yourcenar: *"... con una mezcla de reserva y audacia, de sometimiento y rebelión cuidadosamente concertados, de exigencia extrema y prudentes concesiones, he llegado finalmente a aceptarme a mí mismo"*.

Capítulo VI

CÓMO VIVE EL
PACIENTE BIPOLAR

Miedo de ser dos
camino del espejo.
Alejandra Pizarnik

El modo como el paciente bipolar organiza sus vínculos afectivos (parejas, familia, amistades), sus proyectos, su trabajo, su relación con el dinero y el esparcimiento, sus estudios y toda su vida, es expresión de lo que a lo largo de su historia ha construido como modalidad básica de interacción.

Esta construcción condiciona todo su acontecer y limita sus posibilidades de realización. Es como una marca identificatoria que la persona siente que la vuelve "diferente" del resto y que le cierra caminos.

Los principales elementos que integran esta "marca" son:

a. La escuela de la receptividad

El bipolar, desde chico, ha sido educado en la escuela de la receptividad y el conformismo, de modo que traslada este esquema a todos sus campos de producción. Este anclaje es el que debe superar, la creencia imaginaria de que "no puede". El paciente debe aprender que es tan negativo para su cura el desmadre maníaco como el conformismo melancólico. Debe encontrar entre ambos extremos su camino intermedio y debe tener la convicción de que esto no es sólo viable sino también posible. Debe aprender que la bipolaridad no es algo a lo cual hay que resignarse, sino algo a integrar en una ambivalencia saludable, una autoestima cierta, que le dé amparo, seguridad y certeza. Y esto sólo puede conseguirse si rompe la dependencia, la sensación de condena y se enfrenta con libertad, con el hacerse cargo de su propia vida.

b. La repetición de ciclos

Al revisar las vidas de los pacientes bipolares puede apreciarse cómo se repiten ciclos. El descubrimiento de los mecanismos de estos ciclos puede darle al paciente el alerta necesario que lo conduzca a evitar nuevas situaciones de dolor y riesgo y prevenir una complicación en el presente, que agravaría su condición. Al mismo tiempo, este *insight* le va a facilitar la comprensión de hechos similares del pasado y así hilvanar un poco más su biografía que en general es vista, por el paciente, como algo fragmentado.

c. La falta de continuidad histórica

El sentido de "continuidad" es algo que está roto en la identidad bipolar y esto se traslada a todos los recorridos que hace. De algún modo pareciera como si estuviese empezando de nuevo a cada momento, como si no pudiera dar cuenta de los hechos que lo llevaron a la situación actual. De manera que, si logra asimilar una experiencia y evitar un riesgo, habrá aprendido algo importante que trasciende lo puntual del momento y habrá avanzado un paso más en el camino de su recuperación.

d. El hecho adictivo

Otra cuestión importante es el hecho de que la bipolaridad resulta ser una suerte de estado adictivo que se ha forjado en un tiempo en el cual la autoestima era regulada por suministros externos y que, por lo tanto, se tenía una necesidad vital de tales suministros. Esto lleva al sujeto, con este patrón registrado en su inconsciente, a la pérdida de la propia valoración personal cuando sucede que faltan estos suministros. Para impedir esta vivencia el yo está dispuesto a todo, no podrá contener la impulsividad y el desborde, y desarrollará cualquier comportamiento, sin mirar normas y prohibiciones, con tal de obtener el bien que anhela.

e. La explosividad

Un rasgo que marca los rendimientos bipolares es el hecho de que muchas veces la tendencia maníaca está contenida durante mucho tiempo y brota de pronto, "casi inesperadamente", para el sujeto y de modo inexplicable para los otros que lo rodean.

Esto hace que el paciente sienta que posee una bomba de tiempo dentro de sí que puede estallar en cualquier momento y que no puede controlar. Consecuentemente, pasa a organizar su existencia dentro de un marco de exageradas protecciones y contramedidas, ante la posible explosión. Esto le da seguridad, pero no sólo no resuelve la cuestión de base sino que puede contribuir a su incremento, ya que únicamente posterga la descarga sin darle un cauce sustitutivo adecuado. Lo sofocado y reprimido siempre retorna con mayor fuerza.

Llevado esto a la vida de relación y de producción, muchos pacientes bipolares trasladan su creencia de "llevar una bomba" a sus comportamientos y desarrollan actitudes que suelen parecer de no compromiso, pero que en realidad esconden miedo e incertidumbre ante el curso de la vida.

Algunas de las áreas de la vida del bipolar y cómo funciona en ellas

Todas estas maneras de funcionar juegan un rol importante en la configuración de las modalidades de comunicación, interacción e inserción social de la persona bipolar.

1. Vínculos afectivos (pareja, familia, amigos)

El paciente bipolar da la impresión de poseer una gran capacidad para relacionarse e interactuar con facilidad, especialmente cuando está en una fase hipomaníaca. Saluda a todo el mundo, establece contactos de una manera rápida, pero se trata siempre de vínculos superficiales que carecen de profundidad y compromiso. La mayoría de sus relaciones están basadas en un intercambio social muy estereotipado. Una sonrisa aquí, un saludo allá, un chiste más adelante, una charla rápida, ingeniosa pero insignificante, donde realmente no se abre al encuentro y al diálogo.

Por otra parte, la persona bipolar no toma en cuenta al otro como persona sino como un espectador de su exhibición, cosa que no hace por maltratar al *partenaire* sino por una falta de capacidad de entrega. Sus sentimientos más profundos y sinceros están presentes en una o dos relaciones en las cuales establece una fuerte dependencia.

La dependencia se manifiesta aquí en una continua y exagerada demanda de afecto, cuidado y atención, demanda que siente que corresponde que sea satisfecha, en parte por la gran necesidad que de ella tiene y en parte por su *"disposición a sacrificarse por la otra persona. Sin embargo, sólo tiene una posibilidad mínima de corresponder en la misma moneda a la otra persona cuyas necesidades no puede percibir fácilmente"* (Melvin Zax).

Esta actitud lo conduce, lógicamente, al desengaño y a la decepción ya que nadie puede darle lo que su exagerada demanda pretende. Se inicia, entonces, un círculo en el cual pasa del desengaño a sentirse rechazado y abandonado, del descenso de la estima a la caída en la aflicción o la negación maníaca.

Al mismo tiempo, para sostener la dependencia, el bipolar se desvaloriza y se posterga, y esto trae aparejado, necesariamente, el surgimiento de sentimientos hostiles que muchas veces, al no ser reconocidos y aceptados, se descargan en acción como agresividad.

Todo este cuadro hace que los vínculos afectivos con personas bipolares sean realmente muy difíciles y que en la historia de estos pacientes encontremos muchas experiencias de parejas rotas, amores fracasados, amigos perdidos, familia alejada, soledad y mucha insatisfacción.

De algún modo, el "otro" amado de un bipolar siente que se generan dentro de su alma sentimientos amontonados. Algo así como:

> *Si supieras, amor, que tu gesto*
> *me llena y me destroza.*
> *Si supieras, amor, que tu mirada*
> *me arropa y me acongoja.*
> *Si supieras, amor, que tu recuerdo*
> *me duerme y me desespera.*
> *Si supieras, amor, que tus palabras*
> *me desbordan y me ahogan.*
> *Si supieras, amor, que tu actitud*
> *me derrite y me aniquila.*
> *Si supieras, amor, que eres*
> *lo único que importa,*
> *¡ay, amor, qué inútil sería el sufrimiento!*
>
> J. L. Padilla Corral

Curiosamente, la gran necesidad de ser amados que los bipolares tienen los conduce a continuar la búsqueda una y otra vez. Pero el secreto de la superación de su padecer reside en que puedan detenerse y aprender que deben transformar su dependencia, su desvalorización y su necesidad receptiva de ser amados en una actitud donde importe más el amar, el dar y el entregarse. Cuando lo logran son, entonces, seres sensibles y generosos en sus afectos y comprometidos en una sana relación de amor.

2. Estudios, trabajo y proyectos

En general, los pacientes bipolares son muy creativos y emprendedores. Sin embargo, su inconstancia, su poca autoestima y su falta de realidad los lleva a construir y destruir lo que edificaron. Es como si perdieran una y otra vez aquello que más aman.

Al revisar las vidas de los bipolares vemos cómo van siguiendo una curva de progresiva autodestrucción de sus posibilidades laborales, de estudio y de proyectos. Van logrando, con sus comportamientos inestables, que la gente les pierda confianza en sus capacidades. Pero lo más significativo es que el bipolar busca desesperadamente establecer relaciones de trabajo en las cuales los otros sean buenos con él, lo protejan y lo nutran, contaminando de esta manera las relaciones laborales y/o de estudio, a las cuales traslada los modelos infantiles que aprendió en el seno familiar.

Por otra parte, la oscilación humoral hace que se sean impredecibles y produzcan a "borbotones". A veces trabajan incansablemente, otras se abandonan en la abulia y la falta de ganas. Esto les genera muchas complicaciones y, en general, reduce sus posibilidades de crecimiento profesional.

El paciente bipolar debe aprender a seguir un ritmo y una disciplina de estudio y trabajo, a los cuales debe dedicarles cierto tiempo (para cumplir estas funciones, ni más ni menos), a pensar antes de actuar, a reflexionar mucho antes de decidir y a mirar las consecuencias concretas de sus decisiones.

3. El dinero

El dinero es energía y es afecto para el bipolar. En general, ésta es una área muy problemática, especialmente en las fases maníacas. La falta de límites, el derroche, el gasto desmesurado e imposible de sostener, el endeudamiento son como constantes que desnudan la omnipotencia bipolar y, más profundamente, la incapacidad del bipolar de saber qué hacer con el afecto. Lo que hizo y hace un bipolar con el dinero no es ajeno al resto de lo que hace con su vida.

En este manejo del dinero hay mezclados sentimientos de culpa, de desamparo, dependencia y desesperación. Quedarse sin dinero es como buscar que otros se hagan cargo, es una especie de suicidio de las propias posibilidades de autonomía.

En muchos pacientes, el elemento central del derroche de dinero es defenderse de la depresión; en otros, la búsqueda de reconocimiento y aprobación; en los más, el levantamiento de la autoestima. Pero, al hablar del dinero, no sólo hay que hablar del derroche, sino también de la dificultad para generarlo, que se recuesta sobre el polo depresivo de la pendularidad. Entre uno y otro costado, el bipolar debe aprender que el dinero no es amor y que no le puede dar lo que desde sus carencias y necesidades reclama. Porque aunque lo consiga no alcanza, porque no es el dinero lo que verdaderamente anhela.

Capítulo VII

LA FILOSOFÍA BIPOLAR

Yo soy medianamente bueno, y con todo,
mas valiera que mi madre no me hubiera echado al mundo.
Soy muy soberbio,
ambicioso, vengativo, con más pecados en mi cabeza
que pensamientos para concebirlos, fantasía para darles forma
o tiempo para llevarlos a ejecución.
¿Por qué han de existir individuos como yo,
para arrastrarse entre los cielos y la tierra?

Shakespeare, *Hamlet*, Acto III

La manera como pensamos condiciona el modo como percibimos la realidad y como nos relacionamos con ella. De esta forma vamos generando una "filosofía de vida" acorde con nuestra historia, nuestros mandatos interiores, nuestros anhelos y nuestros miedos.

Existe una filosofía bipolar, es decir, un modo de comprender el mundo. Puede sonar extraño pero no tanto si se repara en el hecho de que la enfermedad es una forma equivocada de ver la realidad, una creencia que se hace síntoma.

En el caso específico de la bipolaridad se trata de una filosofía oscilante entre el pesimismo de Schopenhauer y el superhombre de Nietzsche.

1. El propio valor

La autoestima es una condición importante de la salud. Sin un buen equilibrio de la propia valoración personal se hace difícil poder amarnos y, por lo tanto, amar. Esta falta de amor a sí mismo implica la incapacidad de poder cuidarse y protegerse por sí mismo, y por ello la necesidad de recurrir a poderes exteriores para que se ocupen de esta tarea que es responsabilidad de cada uno. Esto nos hace dependientes, vulnerables y sometidos a las mareas de los estados de ánimos de los otros y a las circunstancias cambiantes de la vida. Creer (inconscientemente) que todo el bien proviene de afuera es estar a merced incondicional de la frustración y el fracaso.

En condiciones depresivas el bipolar ve todo de una manera pesimista. Respecto a él, respecto a los otros, respecto al futuro, respecto a todo.

Sus frases serán:

No puedo.
No soy capaz.
No hay futuro para mí.
No valgo nada.
Nadie me quiere.
Me siento solo.
Soy un fracaso.
Todas las puertas están cerradas.

Y no se trata de frases armadas, sino de reales creencias que incluso pueden llevar al paciente a la autodestrucción. Es bueno recordar aquí un comentario que en 1946 hacía Ortega y Gasset: *"Las creencias son todas aquellas cosas con que absolutamente contamos aunque no pensemos en ellas. De puro estar seguro de que existen y de que son según creemos, no nos hacemos cuestión de ellas, sino que automáticamente nos comportamos teniéndolas en cuenta. Cuando caminamos por la calle no intentamos pasar a través de los edificios; evitamos automáticamente chocar con ellos sin necesidad de que en nuestra mente surja la idea expresa: los muros son impenetrables. En todo momento, nuestra vida está montada sobre un repertorio enorme de creencias... Las creencias son viejas ideas, algunas tan antiguas como la especie humana. Pero, son ideas que han perdido el carácter de meras ideas y se han consolidado en creencias... El hombre está siempre en la creencia de esto o de lo otro, y desde esas creencias –que son para él la realidad misma– existe, se comporta y piensa... En nuestras creencias nos movemos, vivimos y somos".*

Estas creencias bipolares hay que cambiarlas. No para sentirse Superman sino para aprender que:

Sí, puedo.
Sí, soy capaz.
Sí, hay un futuro para mí.
Sí, valgo.
Sí, soy querido.
Sí, hay gente que quiere estar conmigo.
Sí, puedo ser exitoso.
Sí, hay puertas abiertas para mí.

Pero siendo consciente de que "no puedo todo y no soy capaz de todo".

Recuperar la autoestima no implica despreciar a los otros, ni dejar de necesitarlos, ni querer controlarlos, ni desear triunfar sobre ellos.

Recuperar la autoestima es darnos cuenta de que tenemos capacidad, que valemos y que tenemos límites. Que somos importantes por lo que podemos y por lo que no podemos. Que nuestra autoestima no depende de lo que los otros nos den u opinen de nosotros, sino de lo que nosotros pensemos de nosotros mismos.

En suma, sentirnos razonablemente seguros y confiados con los recursos de los que disponemos, y también con los límites que el vivir nos ofrece.

2. Autonomía

Junto a la autoestima, la libertad personal, la autonomía de decisión, es otra cuestión importante para tener un buen equilibrio psíquico. Pero las personalidades bipolares sienten un profundo anhelo de dependencia y buscan incansablemente en los otros los soportes de su necesidad. Dependen del apoyo y el reconocimiento de los otros. Cuando el bipolar está depresivo, su incapacidad de elaborar la separación lo ata a relaciones simbióticas, de postergación e inclusive de humillación. Siempre está temeroso de la partida del otro. Si está atravesando por su fase maníaca, niega toda necesidad, niega todo dolor de la pérdida, no necesita nada, nadie importa.

Pero la vida no ha de ser ni dependencia ni falta de necesidad de los otros. Entre ambos extremos, la libertad es una herramienta que el hombre debe construir. Sólo tenemos que centrarnos en lo que sentimos que debe ser nuestro recorrido, sin interferir y sin dejar que interfieran en ese camino.

El bipolar no puede decidir por sí mismo. Busca la opinión de los otros y hace lo que los otros le dicen. Por lo tanto, nunca aprende porque no es él el que asume el compromiso de elegir. El bipolar debe aprender a comprometerse con sus propias elecciones y a hacerse cargo de la angustia que éstas pueden generar.

3. Integrar las polaridades

El bipolar no puede integrar los aspectos contradictorios de la realidad interna y externa. No puede asimilar el hecho de que las cosas son buenas y malas simultáneamente, que una persona puede ser frustrante y gratificante, que no hay nada en la vida que no sea de este modo, que no sea "ambivalente".

Sometido a esta imposibilidad, su yo no puede afirmarse en ningún lugar, vive saltando de la euforia a la tristeza, del amor al desamor, de la plenitud al desengaño. Así, el bipolar debería integrar las polaridades de su vida, debería trabajar estos aspectos de sí mismo que lo esclavizan a un comportamiento pendular bastante doloroso. Su creencia más arcaica es que el universo funciona así: blanco o negro. Debe cambiar esta creencia y empezar a notar que los hombres grises, la vida gris, el mundo gris son los hombres, la vida y el mundo reales. Lo demás es creencia que lo enferma.

4. La lección para aprender

Todos estamos en esta vida para aprender lecciones, para evolucionar y crecer. Los síntomas son señales de tareas que debemos realizar, de cosas que tenemos que asimilar, de conocimientos que debemos incorporar. La enfermedad posee un sentido que tiene que ver con la misión y el proyecto de nuestra vida.

El bipolar carece de proyecto propio. Vive la vida que le escribieron. Debe aprender a liberarse de las ataduras que le hacen vivir una vida que no es la suya. Debe aprender a desprenderse, a equilibrarse, a no tener miedo de ser él mismo, a aceptar que su sufrimiento es una experiencia maestra que, en la medida en que se metabolice, le permitirá avanzar en el sendero de la individuación.

La recuperación del paciente bipolar reside no tanto en la buena medicación, no sólo en un tratamiento psicoterapéutico, o en todos los recursos de que hoy disponemos, sino muy especialmente en que pueda construir un proyecto en el cual él sea el artífice de su propio destino. Pero no con la omnipotencia del pensar "todo lo puedo", sino con el descubrimiento de que hay algo dentro de uno mismo, una fuerza realizadora, no de todo, pero sí de lo suficiente para hacernos felices, estables y "ambivalentemente adultos".

Por eso, parece posible que el abordaje de la bipolaridad tenga más que ver con la capacidad de diseñar un futuro realizable que dé sentido a la vida, que con la psicofarmacología, que buena ayuda da, pero que no tiene en sus fines enseñar lo que verdaderamente el bipolar debe aprender, que es:

Puedo ser feliz.
Merezco ser feliz.
Soy digno de ser feliz.
No *a pesar de* mi historia, sino *a partir de* ella.

Y porque después de todo, como dice Fernando Pessoa:

"La esperanza es un deber del sentimiento".

Capítulo VIII

LAS SIETE CARAS DEL ALMA BIPOLAR

> *El error consiste en suponer que lo que irradia luz deja de existir*
> *si se lo explica desde el punto de vista de la oscuridad.*
>
> C. G. Jung

El psicólogo Carl G. Jung creó un interesante modelo de comprensión de la personalidad. Según su esquema, el psiquismo de cada persona estaría integrado por siete funciones complementarias que en su conjunto describirían la totalidad del alma humana.

Estas funciones son:

- la *Sombra*: lo que somos en tanto desconocemos que somos;
- la *Máscara*: lo que somos en tanto imagen para los otros;
- el *Yo*: lo que somos en relación a nosotros mismos;
- el *Ánima*: lo que somos en cuanto estados de ánimo y afectos;
- el *Ánimus*: lo que somos en cuanto ideas, pensamientos y juicios;
- la *Plenitud*: lo que somos en tanto aún no realizado, y
- el *Sí Mismo*: lo que somos como aspiración de totalidad e integración.

Esta visión puede aplicarse a la dinámica de la bipolaridad y permite enriquecer, de un modo significativo, las perspectivas que podemos hacernos de lo que pasa dentro del mundo de un paciente que padece este sufrimiento.

Vamos a ejemplificar, a continuación, cada función con un caso clínico antes de explicar, brevemente, en qué consiste cada instancia psíquica de las mencionadas y cómo actúa en el caso concreto de la bipolaridad.

1. El abismo del mar

Roberto es un hombre de 30 años. Profesional. Ha venido a consultar porque desde hace más de cinco años suele tener un sueño reiterado, una pesadilla que lo atormenta. Sueña que desciende nadando hacia el fondo del mar y que, a medida que se sumerge, todo va poniéndose cada vez más oscuro y él se queda sin respiración y se ahoga. Se despierta habitualmente a los gritos, bañado en sudor y temblando de miedo.

Roberto está casado recientemente. Su mujer se preocupa mucho por su salud. Es único hijo y sus padres murieron en un accidente de aviación cuando él tenía veinte años. Relata episodios de violencia familiar "muy terribles". Su padre era alcohólico. En esas circunstancias él se sentía lleno de temor, amenazado en su "existencia", como si el padre, tambaleándose por el alcohol, fuese a matarlo.

Muchas veces fantaseó con vengarse del padre, con destruirlo, y cuando éste murió Roberto cuenta que sintió alivio. Los peligros se habían disipado.

En la base de su cuadro clínico existe un continuo y oscilante humor que lo lleva de la depresión a la euforia muy frecuentemente. Varios psiquiatras lo han diagnosticado como bipolar o "cosa parecida", pero él siente que no han logrado "darle en la tecla con la medicación adecuada".

Muchas veces un terrible dolor de espalda lo aqueja. Lo supera con masajes, pero su espalda grita cada vez más seguido. El sótano de su vida, de su personalidad, parece ya hastiado de estar en la oscuridad. Quiere salir a la luz, pero Roberto está como atrapado entre su espalda, que grita su necesidad de conciencia, y un temor a "ahogarse", si ve lo que hay en las profundidades de su alma y de su inconsciente.

Roberto necesita imperiosamente poder sumergirse en las profundidades de su mar para ver lo que hay en el fondo, sin sentir que sus pulmones se cierran o que su humor se desestabiliza.

Roberto tiene miedo de su sombra, de su agresión, de sus pulsiones que pueden desbocarse. Pero está dispuesto a intentar descubrirse.

¿Qué es la Sombra?

La Sombra simboliza nuestra cara oculta y rechazada. Jung la denomina *"nuestro hermano de la oscuridad que, aunque invisible, forma parte de nuestra totalidad"*. Representa el aspecto inadaptado del hombre por oposición a la persona que actúa como lo adaptado.

Todo lo que el sujeto no quiere ver, que rechaza de sí mismo, rasgos de identidad que resultan penosos de aceptar, lo repudiado, el "negativo" de nuestra personalidad configuran el núcleo de la Sombra. También expresa la voluntad de poder del pasado filogenético más arcaico, la "cola del saurio" del hombre. Sus tendencias más primitivas y agresivas. En suma, los aspectos siniestros de todo sujeto, todas las facetas que el individuo no reconoce o no quiere reconocer de sí mismo, que desecha como algo que no le pertenece.

La función de la Sombra está ligada a la sobrevivencia. Cohesiona en un mismo complejo todo lo que el sujeto rechaza. Es la fuente de la fuerza agresiva de la dinámica psíquica. Desde su seno es de donde surge la enfermedad: los síntomas son el retorno de lo suprimido de la conciencia que vuelve. La energía de dominio sobre los semejantes surge también de la Sombra, del mismo modo que da la fuerza para luchar por la vida.

Enfrentar la Sombra es darse la posibilidad de reconocer las cosas ocultas y rechazadas como propias, y entender que hasta tanto no las integremos estamos incompletos y mutilados.

La Sombra bipolar

En el caso de los pacientes bipolares el aspecto central de la Sombra que se destaca es el *desborde*. Los pacientes bipolares sienten como si llevaran una bomba de tiempo dentro de sí, que no pueden contenerse, que se descontrolan y que ciertas conductas se les imponen como si en esos momentos fuesen otras personas.

---

2. El espejo

María hacía poco que había llegado a Buenos Aires desde otro país lati-noamericano. Se sentía un poco fuera de lugar, pero no era éste su problema.

Cuando empezó su tratamiento tenía poco más de veinticinco años. Soltera y a cargo de una empresa familiar que tiene una sucursal en la Argentina. Mujer emprendedora, activa, pero prisionera de un temor: envejecer, arrugarse.

No había tenido buenas experiencias en sus relaciones de pareja. Siempre caía en la reflexión de que no era lo suficientemente linda como para ser atractiva. Que necesitaba mejorar su rostro y su figura. En esa época mantenía una dieta estricta, hacía gimnasia y trabajaba su cuerpo y su cara con toda crema que caía en sus manos. Invertía mucho tiempo en su arreglo personal y siempre parecía como recién salida de un salón de belleza.

María sufría mucho. Por momentos se sentía fea y desvalorizada. Temía ser rechazada y muchas veces la vergüenza por su cuerpo se apoderaba de ella. Comenzaba entonces un ciclo de búsqueda de perfeccionismo, retraimiento, angustia y sentimientos profundos de inadecuación.

El inicio del tratamiento la condujo a una crisis muy intensa. Por momentos parecía estar peor, se veía desagradable y "oscura". Deseaba morir. No veía nada lindo en ella. En uno de los peores días de este tránsito tomó un espejo que tenía en su dormitorio, lo rompió contra el piso y se puso a llorar.

Paulatinamente, luego de esta crisis comenzó a ver las cosas de otro modo. Empezó a darse cuenta de que la verdadera belleza está en el corazón, pero también a reconocerse, a mirarse tal cual era: una linda mujer. Los espejos dejaron de ser espacios virtuales que le devolvían una imagen poco valorable, para convertirse en portavoces de lo que sus ojos veían. Así María pudo librarse de la máscara que no le permitía mostrar su verdadera esencia, su Yo real y auténtico.

¿Qué es la Máscara?

La Máscara o persona es la forma de simular individualidad. Es el resultado de la transacción entre el sujeto y la sociedad.

Sin duda, es un mediador que protege al individuo en sus relaciones, pero que oculta lo que verdaderamente el sujeto es en función de una aceptación social.

Esto le da a la persona un marcado tono de inautenticidad que en algún momento lleva a un enfrentamiento entre lo externo aparente y lo interno verdadero.

Básicamente la función de la Máscara es cubrir, defender al sujeto de los impactos y presiones sociales. Protege la intimidad y da resguardo a sus aspectos privados o que el sujeto, de un modo no muy consciente, desea esconder.

La Máscara también determina la imagen o ideal consciente del sujeto que lo guía en el modo en el cual debe presentarse ante sus semejantes, en sus relaciones vinculares, en todo lo que resulta favorable.

El contacto con la Máscara nos enseña a reconocer que la apariencia no nos hace más aceptados. Que el ser es algo diferente del parecer.

La Máscara bipolar

En los bipolares la inautenticidad es un sentimiento bien importante. Han sido criados no para ser ellos mismos sino para "impactar" ante otros. De este modo, sin quererlo, pero sin poderlo evitar, resultan quedar prisioneros de personajes que crean, que forman parte de su enfermedad, y que no les permiten acceder a una vida plena, feliz y auténtica.

---

3. El pájaro

Carla entró en el consultorio con temor. Sus facciones, sus gestos denotaban que algo la angustiaba y preocupaba en extremo. Le pregunté por ello. "Me asustan las cosas que adivino." "A veces alguien me da la mano y yo siento que sé cosas y luego son como las presiento. Me asusta mucho lo que me pasa."

Carla se calla y al rato vuelve sobre el tema. "Es como si no me pudiera manejar, como si otro dentro de mí misma actuara en lugar mío. Me siento partida, dividida."

Desde chica Carla vivió esta circunstancia. Sus capacidades intuitivas la llevaban a conocer y registrar cosas que su conciencia no podía controlar y entender. Muchas veces durante su vida y durante su tratamiento se preguntó: "¿Quién soy yo? ¿Cuál es mi identidad?".

Durante unos meses el tratamiento le proporcionó una gran apertura y equilibrio y, sobre todo, la capacidad de aceptar y usar positivamente las potencialidades que la vida le ofrecía.

Un día dijo: "Me siento como un pájaro que aprendió a volar. Me siento segura de mí misma. La realidad ya no me aterra. Me doy cuenta de que existen otros continentes dentro de mí que debo descubrir, pero ya no me asustan".

¿Qué es el Yo?

El arquetipo del Yo es la estructura responsable de la coordinación de la motricidad, el lenguaje y la realidad. El Yo se constituye en la función de coordinar relaciones intra y extrapsíquicas del sujeto. El Yo es el que habla, piensa, decide y obra, pero en el plano de la conciencia, es el sujeto de la conciencia.

Pero el Yo es extranjero en cuanto a lo inconsciente. Éste es un sitio de desconocimiento y el no saber asusta y aterra al Yo. Lo que no se comprende se torna problemático.

Cuando uno se conecta con el Yo aprende a no verlo como la única instancia de juicio de uno mismo. A aplicar la reflexión de Hamlet: *"Hay más cosas entre el cielo y la tierra…".*

El Yo bipolar

En los pacientes bipolares el Yo se encuentra a merced de un engrandecimiento o una desvalorización, ambos polos extremos y ficticios. En suma, la cuestión central gira en torno de la autoestima que se encuentra fuera de la realidad, en una u otra dirección. Es un Yo desvalido e inválido, es decir, incapaz de valerse por sí mismo.

---

4. La Diosa Blanca

Claudia es una joven madre. Hace muy poco que ha dado a luz a una hermosa niña. Se siente plena, segura de sí misma, gozosa de su maternidad. Disfruta cada momento con su bebé. Lo nutre, lo cuida, lo protege, lo ama.

Le toca ir al ginecólogo. Una visita posparto de rutina. De pronto el universo se desploma. El médico tiene en su mano un análisis que dice que dentro de su cuerpo se han desatado las fuerzas destructivas de un cáncer. No hay muchas esperanzas.

Claudia recuerda su pasado de dolor. Haber sido una hija no querida, no cuidada, no aceptada. Haber tenido que superar el dolor de una infancia sin mucho cariño. Su madre, una mujer distante, lejana, casi inexistente. Luego, el descubrimiento del amor. De la pareja que la redimió, con su afecto, de tanta pesadumbre y carencia. Y ahora, cuando creía que todo era plenitud, descubre un enemigo que habita dentro de ella. ¿Cómo sobreponerse? ¿Cómo enfrentar el porvenir?

Casi no escucha al médico, pero en su interior va creciendo un fuerte impulso de luchar por la vida. Entre las decisiones que toma, una es hacer una consulta. Y llega al consultorio "partida", pero dispuesta a pelear por la vida. Tiene una hija a la que quiere ver crecer y a la que quiere amar.

Hablamos de las dificultades, hablamos de los escasos márgenes de tratamiento, hablamos de esperanzas recortadas, pero también hablamos de la vida, del disfrute, de los hijos.

Durante dieciocho meses Claudia vivió cada día a fondo. Decía que el tratamiento la reconfortaba, que la ayudaba a liberarse del dolor del pasado y del presente. Que le permitía sentir que podía perdonar a su madre y eso le daba más fuerzas para querer seguir siendo mamá.

Hoy el cáncer de Claudia está estacionario. Una bomba adormecida. Pero Claudia lo vive como un triunfo de su maternidad, de sus ganas de que su hija tuviese madre. "Me siento como una diosa capaz de generar vida, como la luna que es capaz de provocar las mareas, de mover el agua…"

¿Qué es el Ánima?

El Ánima representa la imagen colectiva de la mujer, de lo femenino, de lo receptivo, de lo creativo, de la adaptación sexual que hace de la necesidad de protección un motivo vincular.

El Ánima actúa de acuerdo con una estructura rítmica y circular, y aparece ligada, muy íntimamente, a todo lo que en el sujeto son sus aspectos nutricios. Es un generador de estados de ánimo. Es la fuente de la creatividad y la intuición. De ello deriva su capacidad de percepción. Posee una orientación dativa y protectora. Al tomar contacto con el Ánima el sujeto aprende a querer sin ahogarse.

El Ánima bipolar

En el caso particular de los bipolares el Ánima se reviste de un fuerte rango de inestabilidad que es la que da cuenta de la permanente oscilación de estados de ánimo entre la tristeza y la euforia que los domina. No pueden estar anclados o firmes a un afecto por su inseguridad y falta de confianza en sí mismos.

---

5. El barquito de madera

Alfredo es ingeniero. Tiene cuarenta años. Desde hace tres años es tratado, sin mucho éxito, de vértigos y agarofobia. Padece de depresión y una impotencia sexual absoluta.

En la consulta da la impresión de estar tenso, inquieto e intranquilo. Es muy intelectual, distante y un poco frío en su trato.

Es hijo único. Su padre fue un abogado bastante reconocido en su ambiente. También era muy callado y nunca tuvo acercamientos afectivos o diálogos con Alfredo. Sin embargo, Alfredo adoraba a su padre y siempre trataba de llamar su atención procurando lograr buenas notas en el colegio. El padre no prestaba mucha atención a estos desvelos, salvo para efectuar algún reproche.

En una oportunidad un tío le había regalado un barco de madera. Una tarde estaba en una fuente de una plaza jugando con el barco y el viento lo llevó al centro de la fuente. Le pidió al padre que lo ayudara a rescatarlo y el padre le negó el "socorro"; por lo tanto, Alfredo tuvo que abandonar el barco en la plaza.

Durante su carrera universitaria Alfredo se destacó, pero comenzó a padecer los síntomas de vértigo y agarofobia. Sus intentos de acercamientos sexuales eran siempre fracasados por su pertinaz impotencia.

Esto lo llevó a aislarse progresivamente de amigos y actividades sociales, para encerrarse a rumiar su desvalorización.

Cuando comenzó su tratamiento la finalidad fue trabajar los aspectos de identificación con una figura paterna que no lo nutrió del calor, la expresividad y la autoestima necesarios para enfrentar la vida sin temor.

Poco a poco Alfredo comienza a avanzar, a salir de su aislamiento. Al año remite su fobia y afloran afectos agresivos hacia el padre. "Puedo estar en espacios abiertos, mirar el sol…"

El tratamiento movilizó la función del Ánimus, dándole capacidad para afirmar su masculinidad.

¿Qué es el Ánimus?

El Ánimus representa la imagen colectiva del hombre; lo masculino, lo penetrante y lo activo.

Es el costado de la adaptación sexual que hace de la acción de proteger y defender "al débil" una modalidad vincular. Es un generador de opiniones y juicios y ayuda a la diferenciación y autoafirmación. Tiene que ver con las normas, la ley y la función paterna.

Tomar contacto con el Ánimus es aprender la lección de la libertad dentro de la ley.

El Ánimus bipolar

Esta función en los bipolares está muy invadida de confusión, pérdida de realidad y contradicciones. Los juicios y pensamientos van por caminos errados y la capacidad crítica disminuye, a veces hasta desaparecer.

---

6. El jardín de rosas

Alberto fue un cantante conocido. Hoy tiene cincuenta años y siente que no tiene lugar en la vida. Vive solo y se encuentra deprimido y angustiado. Consulta porque este estado de desesperación lo ha llevado a la ingesta de drogas como un intento de ocultar su malestar y desea cortar este circuito destructivo.

En algún momento de su vida Alberto siente que ha perdido el rumbo. Que dentro de él han quedado cosas sin hacer, proyectos incumplidos. Se siente desorientado y ha buscado en la huida de sí mismo la forma de anestesiarse.

Al construir su historia aparece un detalle. Él hubiera querido dedicarse a sembrar y cuidar flores. Ama esta tarea. Se siente mutilado, no sólo por esta actividad no realizada, sino por muchas otras cosas más que han quedado en el tintero. La idea de mutilación aparece aquí.

Es un soñador, camina por el consultorio con la mirada perdida en sus fantasías, escapando del presente. Siempre le han atraído los "temas y las experiencias espirituales". Le fascinan lo místico y lo esotérico.

Comienza el tratamiento. Al poco tiempo parece más reflexivo, más enraizado con la realidad. Habla de su necesidad de hacer algo con las manos, de plantar flores, de cultivarlas. Dos meses más tarde empieza a hacerlo y proporcionalmente a su dedicación a esta tarea comienza a disminuir su adicción, que era leve. Luego de seis meses ésta desaparece completamente. Es como si el haber encontrado un camino por donde desplegar sus capacidades le hubiera dado la compensación y el equilibrio necesarios para avanzar en la vida.

Su arquetipo de Plenitud ha comenzado a desplegar su existencia. Alberto ha dejado de sufrir por un futuro que no puede concretar.

¿Qué es la Plenitud?

El arquetipo de la Plenitud simboliza lo aún no realizado, las virtualidades, lo que el sujeto puede llegar a ser. La función de este arquetipo está ligada a la unión armoniosa y equilibrada y a conducir el proceso de crecimiento y evolución. Es un polo de atracción que moviliza la fuerza constructiva del sujeto. Es la fuente de amor y curación.

El arquetipo de la Plenitud se vincula con las potencialidades y latencias del sujeto. Así como la Sombra apunta al pasado, la Plenitud al futuro.

Es, según C. G. Jung, *"nuestro hermano de la luz que aunque aún no actualizada existe en mí"*.

Al tomar contacto con este arquetipo nos enfrentamos con el camino de la realización como posibilidad.

La Plenitud bipolar

La función de la Plenitud en los pacientes bipolares está vinculada a sentimientos de *insatisfacción*. Así, el bipolar parece siempre estar a la búsqueda, como alma en pena, de un paraíso que perdió o que cree poder alcanzar. De esta manera se asegura seguir apareciendo ante los otros como un huérfano carente y necesitado.

---

7. *La que hiere con la espada*

Silvana es una joven mujer de veintitrés años. Abogada lúcida e inteligente. Trabaja en un estudio jurídico desde hace tiempo. Su motivo de consulta es que desde hace poco más de un año ha comenzado con extraños síntomas que la preocupan. Al principio escuchaba voces que le hablaban. Se asustaba, pero como esto ocurría de noche, pensó varias veces que era fruto de su soledad, de la oscuridad, de...

Sin embargo, los síntomas fueron creciendo igual que las voces. Hoy "hablan" a cualquier hora del día. Es como si otra Silvana conviviese con ella.

Silvana se siente fragmentada, partida y muy angustiada. Por momentos cree que está loca, por momentos llora, por momentos pide ayuda.

La historia de Silvana es dura. Su madre la dejó con su padre y se fue a vivir con otro hombre y a otro país. De adolescente se sentía perdida, desorientada, su cuerpo era un problema y sólo encontró refugio en el estudio. Cuanto más, mejor.

Nunca tuvo una relación afectiva estable. Sólo una vez un hombre le importó realmente. Tuvo con él sus primeras relaciones sexuales y hoy cuenta que ese chico solía decirle muchas veces: "Silvana, la que hiere con la espada", porque ella solía tener un comportamiento hiriente y agresivo luego de hacer el amor.

Durante mucho tiempo el tratamiento giró en torno de su fragmentación, que poco a poco comenzó a soldarse, para llevarla a ser una sola y no múltiples Silvanas. Su Sí Mismo volvió a ser el totalizador de su existencia.

¿Qué es el Sí Mismo?

El arquetipo del Sí Mismo es el totalizador y coordinador de la estructura psíquica. Unifica los distintos aspectos y facetas del alma en una unidad.

Tomar contacto con el Sí Mismo nos enseña la lección de aprender a integrar las distintas voces del alma en un único "coro".

Representa la totalidad de lo psíquico. Aparece como lo que une lo consciente con lo inconsciente, el yo con el no-yo, lo interno con lo externo. En este sentido expresa la voluntad de unidad y síntesis del espíritu humano.

Su función es amalgamar, unir, coordinar los diferentes aspectos del psiquismo en una totalidad.

El Sí Mismo bipolar

El Sí Mismo del bipolar está fuertemente afectado. Carece muchas veces de capacidad para integrar las experiencias y las funciones de su psiquismo en una misma totalidad. Pero lo más significativo es que se encuentra subordinado a los momentos afectivos que va viviendo, y esto le quita capacidad para incluir otros aspectos importantes de la vida, que la tonalidad afectiva que lo domina en ese momento no le permite ver e integrar.

Ahora bien...

Ante esta "radiografía" del alma bipolar (tan visiblemente expuesta por la luz de la razón a consideración de la conciencia), ni el paciente ni su terapeuta –quien *también* debe realizar un renovado camino propio en la búsqueda de acompañamiento y ayuda a su paciente– tienen que desesperar, porque **el cambio positivo** (de uno y otro) –es decir, **aprender el sentido y la lección de la bipolaridad**, "trabajar" juntos en el proceso del tratamiento, mejorar, crecer y aun sanar de este padecimiento– **es posible**.

Sobre todo, porque **"otra vida" es posible**. Sí, hay lugar para la esperanza y ésta puede hacerse realidad.

Por mi parte, como paciente bipolar, me atrevo a decir (y a sentir de verdad) que me calzan como un guante, al respecto, estos versos de Gardel y Le Pera: *"Guardo escondida una esperanza humilde / que es toda la fortuna de mi corazón"*.

Más aún, me atrevo a afirmar que, ante una estrategia terapéutica adecuada, tanto paciente como terapeuta pueden sentir –como bien dice de sí Miguel Hernández– que *"soy como el árbol talado, que retoño: / porque aún tengo la vida"*.

Parte Tercera

QUÉ HACER PARA SANAR
EL PADECER BIPOLAR

El paciente bipolar necesita instalar un eje en su vida que le permita oscilar sin desbordarse. En un próximo libro abordaré **la metodología específica para construir este punto de referencia esencial para alcanzar la cura.**

El camino a recorrer por el bipolar no es tan complejo como parece a simple vista, pero éste necesita de un entrenamiento personal, y aunque es imprescindible un eficiente y adecuado acompañamiento terapéutico, el paciente debe necesariamente pasar por la experiencia directa y vivencial de edificarlo por sí mismo, ya que nadie puede hacerlo por "uno mismo". Por otra parte **sólo lo que se experimenta se aprende y se domina.**

Esto es lo que vengo poniendo en práctica como psicoterapeuta desde hace años, con resultados promisorios, y éste ha sido el camino que yo mismo recorrí como bipolar. Este tránsito hacia la construcción de mi eje interior me ayudó, en lo particular, a sanar y transformar mi vida, y afrontar sin miedo las recaídas en la depresión o en la euforia, es decir, a dejarme fluir en el radio de la oscilación de mi propio centro, porque... *somos humanos* y al fin de cuentas **la vida es vida porque "se mueve".**

Capítulo IX

LAS TERAPÉUTICAS POSIBLES

*... de algo creo estar seguro:
con un poco de amor, todo hubiera sido más fácil. Y tal vez
diferente.
Quiero creerlo así.*

Osvaldo Ballina

El paciente bipolar bien podría hacer suyos estos versos de Miguel Hernández: *"Cuanto más me contemplo más me aflijo"* y plantearme –como lector– la misma pregunta angustiada con la que continúa ese poema: *"... cortar este dolor, ¿con qué tijeras?".*

Pues bien, en ese caso, le respondería que existen muchos caminos terapéuticos posibles y complementarios que buscan el alivio y la cura de la bipolaridad. En las tres últimas décadas ha crecido el número de alternativas clínicas que procuran dar respuesta a la preocupación profesional por encontrar instrumentos cada día más prácticos y eficaces de tratamiento. **Pero lo importante no es cada una de esas técnicas en sí mismas, sino el modo de comprender a la persona bipolar y a su mundo.**

La situación de existir es, para el hombre, existir encarnado. Y si bien el cuerpo representa un límite o facticidad, es al mismo tiempo el pivote de la existencia. Del mismo modo que existir es ser cuerpo, existir también es coexistir. Y en estos dos terrenos esenciales de la vida, el cuerpo y las relaciones, el bipolar se encuentra mal parado. Vale la pena insistir en el hecho de que **las emociones se sienten en el cuerpo y se descubren y aprenden en vínculos, de manera que hay toda una línea de mutua interdependencia entre cuerpo-relaciones-emociones**. Y cuando las emociones son lo que son en el bipolar uno entiende por las cosas que transita en el resto de su vida.

Los puntos esenciales de partida que deberían ser tenidos en cuenta para el tratamiento de una persona bipolar son, por lo menos, los siguientes:

- Al bipolar le falta un eje referencial interior: hay que ayudarlo a que lo construya.
- Cuando al bipolar se le pide que no oscile entra en confusión y se hace más inestable.
- La bipolaridad exagerada está en el lugar de talentos no desarrollados.
- La bipolaridad exagerada está en el lugar de la falta de proyecto.
- La bipolaridad expresa una relación de amor tormentosa.
- La bipolaridad está inscripta en el cuerpo tanto como en el alma.

Cualquiera de las herramientas que vamos a mencionar a continuación debería tener en cuenta estas indicaciones fundamentales.

Nuestro interés es sólo hacer una breve mención de cada una de ellas, ya que se trata de técnicas que requieren para su buen uso la prescripción de un especialista. Basta estar enterado de que existen y luego recurrir, dada la situación, a quien corresponda, o en caso de estar bajo tratamiento reclamar por aquellas que nos parezcan necesarias de incorporar al plan de recuperación.

1. La vía psicofarmacológica

Los últimos veinte años han sido de grandes avances en el terreno de la comprensión de los mecanismos neurofisiológicos, que afectan la actividad cerebral de las personas bipolares, y en el desarrollo de fármacos que permiten el control de sus síntomas. Esto les ha permitido lograr una mejor calidad de vida, volver a la actividad productiva y, especialmente, evitar o atenuar la aparición de nuevos episodios críticos.

Del mismo modo, también, se han realizada estudios sobre la influencia del sistema endocrino sobre la inestabilidad maníaco-depresiva, en particular de la actividad corticosuprarrenal, que desempeña un papel central en los cambios emocionales que caracterizan a la bipolaridad. La regulación de las hormonas secretadas por la glándula suprarrenal pareciera lograr, en los pacientes bipolares, un grado de estabilidad bastante significativo.

Pero la idea central de la psicofarmacología actual tiende a la administración de "estabilizadores" que procuren al paciente salir de la ciclicidad. En esta dirección, el *carbonato de litio*, aplicado por primera vez en Australia en 1949, está siendo utilizado con razonable éxito terapéutico. Del mismo modo, la *carbamacepina* es otra droga, originalmente usada como anticonvulsionante que ha dado buenos resultados en pacientes bipolares y maníacos. En los últimos años se agregó una tercera droga, el *divalproato de sodio* con una actividad similar a la carbamacepina y con resultados alentadores. De la misma manera el *topiramato* aparenta ser una opción farmacológica superadora y sin las complicaciones secundarias tan temidas.

Cualquiera sea la medicación farmacológica que se utilice para combatir la depresión, la manía o la bipolaridad, no tiene que hacernos perder de vista el hecho de que **los psicofármacos no son el recurso suficiente para curar los trastornos psíquicos y que el tratamiento químico debe estar asociado al recurso psicoterapéuti-**

co, ya que pacientes, por ejemplo, con excelentes litemias sin embargo se ven presos de brotes o crisis bipolares y, aún mas, llegan a episodios suicidas. Esto plantea que **si bien los psicofármacos son de una ayuda cierta, no deben ser excluyentes de otras vías terapéuticas y no son "la panacea universal"**.

Como en otro tipo de medicaciones, la psicofarmacológica plantea una cuestión práctica en los pacientes bipolares. Es una herramienta útil ya que proporciona sedación, equilibrio, tranquilidad, alivia el dolor psíquico, etc., pero a pesar de sus beneficios la naturaleza de la enfermedad del paciente hace que su falta de constancia para la toma del medicamento sea un obstáculo a tener en cuenta en la formulación del plan terapéutico. A veces, se debe recurrir al auxilio de los familiares cercanos hasta asegurarse de que el paciente ha hecho carne la necesidad no sólo de tomar la medicación, sino también de tomarla en los momentos y en la cantidad estipulados. Por otra parte, los efectos secundarios, generalmente molestos, van generando un rechazo del paciente hacia la ingesta del remedio, factor que hay que trabajar periódicamente, mostrando la necesidad del remedio y la relación beneficios/costos de su toma.

Pero por sobre todas las cosas existe la cuestión de la supresión, que es algo diferente de la cura, y **la experiencia enseña que los psicofármacos suprimen pero no sanan** y esto genera una dependencia muy intensa en la persona hacia estos remedios.

2. La vía psicoterapéutica

La psicoterapia constituye una herramienta esencial para el tratamiento de la bipolaridad, ya que posibilita la comprensión de las causas emocionales e históricas profundas que han llevado a un sujeto a su padecimiento, y ayuda a efectuar un cambio de vida que le permita acceder a un mayor grado de felicidad, libertad, paz e integración psíquica.

Algunos de los rasgos característicos propios del trabajo psicoterapéutico con pacientes bipolares a tener en cuenta son:

La dependencia

Este tipo de pacientes establece un vínculo de mucha dependencia con el terapeuta. Lo colocan a éste en un lugar de nutrición incondicional y los bipolares son muy susceptibles a la frustración de sus expectativas. Todo señalamiento a la necesidad de no depender es interpretado como un desengaño y un abandono. "No me aguanta más, me quiere sacar de encima" es el pensamiento que los invade. Esta circunstancia torna muy difícil la tarea psicoterapéutica, ya que la dependencia se convierte en una resistencia muy intensa a la toma de conciencia y la modificación de pautas de conducta.

La desvalorización

Los bipolares buscan encontrar en el tratamiento una cuota de satisfacción a sus necesidades, pero al mismo tiempo piensan que no podrán alcanzarla y que, si lo logran, no están en condiciones de poder aceptar porque no la merecen. Esto está relacionado con la baja estima que tienen de sí mismos, ya que aun en la manía no resuelven este problema sino que lo niegan. Traducido a temas terapéuticos, esto implica que sienten que no son merecedores de un tratamiento que les alivie su sufrimiento, que deben permanecer en la enfermedad, que están condenados.

El rol del terapeuta

El terapeuta es para el bipolar una reproducción de sus padres infantiles. Así, el paciente intenta manipular al terapeuta con la finalidad de obtener de él afecto, reconocimiento y seguridad. *"Se espera, con todo, que el terapeuta no satisfará realmente sus demandas y que, en lugar de ello, se mostrará crítico y rechazante, sin dar más que una señal ocasional de aprobación. Al adoptar este punto de vista, el paciente hace que resulte difícil para él mismo ver las cosas en una nueva forma a través del terapeuta, y esto constituye uno de los obstáculos más graves para la terapéutica"* (Melvin Zax).

La inestabilidad

El paciente bipolar es muy inestable, y por lo tanto su constancia en el tratamiento es muy dudosa. Siempre se encuentra al borde de abandonarlo, lo que hace a todo el trabajo terapéutico una labor difícil. Por esto es necesario instaurar lo que se denomina "eje interior" casi al inicio de cualquier tratamiento y que el terapeuta sea la referencia inicial hasta que la persona pueda construir "relaciones de referencia" que le permitan anclar su oscilación a términos razonables.

La negación

En el paciente bipolar existen mecanismos de negación muy intensos que actúan como resistencia a la concientización psicológica necesaria y a la aceptación de la enfermedad. Esto complica las cosas, ya que sin una buena conciencia de enfermedad es bastante complejo llevar adelante un tratamiento.

Existe un número muy importante de terapéuticas psicológicas que han demostrado bastante éxito en el alivio y la cura de los trastornos bipolares como la psicoterapia cognitiva de Beck, la psicoterapia de Arieti y Bemporad, el psicoanálisis, el análisis transaccional, el psicodrama, la programación neurolingüística, la terapia gestáltica, la terapia de Arthur Janov, la terapia junguiana y la terapia transpersonal.

Lo importante no es la técnica elegida en sí misma, sino la actitud del terapeuta capaz de comprender y actuar en consecuencia con el paciente y su habilidad para flexibilizarse y utilizar todos los recursos necesarios, de acuerdo con las circunstancias y las necesidades del paciente.

Hay que recordar que:

El terapeuta rara vez cura, algunas veces alivia y más frecuentemente acompaña. Y en el acompañamiento adecuado del sufrimiento bipolar reside parte del buen recorrido de una psicoterapia. Del mismo modo, hay que reafirmar el hecho de que la técnica sana pero lo que cura es la relación. Esto implica que el bipolar no debe buscar tanto una técnica en especial como una persona-terapeuta capaz de asumir el compromiso real de ayudarlo.

Las citas que siguen ponen de relieve los valores que –creo– debe tener una psicoterapia capaz de ayudar al paciente bipolar. Si estos valores no están presentes en la práctica del terapeuta, no hay que cambiar de técnica sino de terapeuta.

"A mi parecer, la naturaleza del encuentro con el enfermo es más importante a largo plazo que mi saber académico, mi formación profesional o que los términos de conversación que utilizo" (Carl Rogers).

"Creo en usted, creo en su veracidad y su valor como ser humano. Estoy como nadie lo ha estado antes interesado en todo lo que le haya sucedido o le esté sucediendo y lo acepto como es, porque no hay nada pecaminoso, vergonzoso o despreciable en usted. Estoy abierto a usted, no pido nada a cambio: ni amor, ni respeto, ni dependencia, gratitud o admiración. Lo aprecio por lo que es y lo recibo tal cual es, sin limitaciones de ninguna clase" (C. Seguin).

"Gran número de evidencias tienden a confirmar el hecho de que todo ser humano, si no ha sido desmoralizado en demasía por una larga serie de contratiempos, llega con bastan-

te facilidad a manifestar procesos que tienden a mejorar su eficiencia y calidad como ser humano; dicha tendencia podría denomimarse impulso hacia la salud mental" (H. S. Sullivan).

"Mi experiencia me ha obligado a admitir gradualmente que el individuo posee en sí la capacidad y la tenacidad –en algunos casos latente– de avanzar en la dirección de su propia madurez. En un ambiente psicológico adecuado, esta tendencia puede expresarse libremente, y deja de ser una potencialidad para convertirse en algo real. Esta tendencia se pone de manifiesto en la capacidad del individuo para comprender aquellos aspectos de su vida y de sí mismo que le provocan dolor o insatisfacción; tal comprensión se extiende más allá de su conocimiento consciente de sí mismo, para alcanzar aquellas experiencias que han quedado ocultas a causa de su naturaleza amenazadora.

También se expresa en su tendencia a reorganizar su personalidad y su relación con la vida de acuerdo con patrones considerados más maduros. Cualquiera que sea el nombre que le asignemos –tendencia al crecimiento, impulso hacia la autorrealización o tendencia direccional progresiva–, ella constituye el móvil de la vida y representa, en última instancia, el factor del que depende toda psicoterapia. No es sino el impulso que se manifiesta en toda vida orgánica y humana –de expansión, extensión, autonomía, desarrollo, maduración–, la tendencia a expresar y actualizar todas las capacidades del organismo, en la medida en que tal actualización aumenta el valor del organismo o del sí mismo. Esta tendencia puede hallarse cubierta por múltiples defensas psicológicas sólidamente sedimentadas. Puede permanecer oculta bajo elaboradas fachadas que nieguen su existencia; sin embargo, opino que existe en todos los individuos y sólo espera las condiciones adecuadas para liberarse y expresarse" (C. Rogers).

"La psicoterapia no genera diversión alguna. Si uno trata de conseguirla, es seguro que tendrá que pagar un precio elevadísimo por su injustificado optimismo. Si uno no se siente capaz de sobrellevar los grandes dolores de cabeza que causa la psiquiatría, será mejor que se dedique a otra cosa. Se trata de un trabajo: un trabajo rudo como no conozco otro. Es cierto que, generalmente, no exige grandes esfuerzos físicos, pero sí requiere un alto grado de concienzuda vigilancia ante un campo que a veces varía con suma rapidez, de señales notablemente complejas de por sí y por sus relaciones. Y la necesidad de reacciones inmediatas a lo que sucede resulta, al cabo de una larga jornada de trabajo, sumamente fatigosa por cierto. Es muy curioso, pero hay datos que sugieren un hecho: que cuanto más complicado es el campo al cual uno tiene que atender, más rápidamente se siente la fatiga. Por ejemplo: al tratar un problema de carácter muy serio en una persona destacadamente competente, el terapeuta encontrará que no es nada fácil, por cierto, llegar a determinar lo que es reservado, lo que es distorsión y lo que no es conocido por el informante pero que resulta muy pertinente para el trabajo que se está realizando. Es así que un gran entusiasmo hacia la psiquiatría es ridículo y muestra que uno no ha madurado todavía; pero al mismo tiempo, el hecho de que el terapeuta se muestre indiferente a su trabajo resulta fatal. La actitud más sensata de un terapeuta en una entrevista psiquiátrica es, probablemente, limitarse a alcanzar la muy seria comprensión de que se está ganando la vida y que para eso tiene que trabajar intensamente" (H. S. Sullivan).

"No podemos realizar nuestra naturaleza personal más que en una relación con otras personas... Un ser humano es un organismo con la potencialidad de convertirse en una persona, pero esa potencialidad de poseer una personali-

dad es su naturaleza real y esencial, que no siempre realiza. La mayoría de nosotros vivimos más en el nivel de organismos que en el de personas, pero aun cuando nos conducimos más como organismos que como personas, siempre hay un impulso ciego o consciente a alcanzar la vida personal... La compulsión apetitiva simboliza nuestra búsqueda de relaciones personales, como ocurre evidentemente en el caso de las compulsiones sexuales. Es el individuo que está aislado internamente de las demás personas, que carece de una corriente de sentimientos simpáticos y amistosos hacia los otros, que no puede amar verdaderamente, el que se aferra con desesperación al contacto físico para compensar su incapacidad de lograr una comunicación emocional. Si, en cambio, ese individuo ha inhibido toda respuesta emocional junto con el impulso físico, puede recaer en un contacto puramente intelectual, de carácter impersonal y referente a ideas antes que a personas. Se puede discutir y cambiar opiniones con personas con las que uno no tiene nada en común, y si alguien tiene poca capacidad para tener 'algo en común' con los demás, los intereses intelectuales pueden dar un sentimiento ilusorio de mantener a pesar de todo contactos humanos" (H. Guntrip).

Vale la pena destacar esta reflexión de H. Guntrip con la que cierra su cita anterior:

"Los contactos físicos despersonalizados y los contactos intelectuales despersonalizados deben ser considerados por igual como traiciones hechas al verdadero vivir humano, como sustitutos de relaciones personales genuinas."

3. La vía de la alimentación terapéutica

La alimentación puede ser considerada un recurso importante para la recuperación de los pacientes bipolares. Lo que uno come y asimila le proporciona los nutrientes productores de energía que la sangre transporta a todo el organismo. Del mismo modo, los desequilibrios de la bioquímica cerebral y hormonal pueden mejorar y hasta corregirse mediante una buena alimentación y una dieta dirigida y terapéutica. Así, por ejemplo, las dietas hipotóxicas coadyuvan sensiblemente a alcanzar niveles de estabilidad crecientes en pacientes bipolares.

Los pacientes bipolares deberían desarrollar hábitos alimenticios acordes con su dolencia, ya que un equilibrio adecuado de proteínas, grasas, hidratos de carbono, frutas y verduras frescas, etc. permite corregir alteraciones metabólicas que suelen acompañar a la bipolaridad y, por lo tanto, contribuye a su cura.

Las experiencias con pacientes con dietas adecuadas a esta necesidad han demostrado las bondades del método, que si bien es complementario no por eso deja de tener un valor en sí mismo que hay que reconocerle y utilizarlo.

4. La vía de las medicinas naturales farmacológicas

Existe un conjunto de medicinas naturales, algunas de las cuales tienen siglos de experimentación, que aportan una buena dosis de instrumentos terapéuticos para el alivio y la cura de la bipolaridad. A veces, usadas como complemento de la farmacología alopática, a veces como únicos remedios, tienen la ventaja de no generar adicción, toxicidad ni efectos secundarios adversos. Por otra parte, además de actuar sintomáticamente son causales y trabajan sobre la personalidad, de modo que ayudan a la elaboración de los conflictos emocionales que están en la base de la bipolaridad.

No voy a dar recetas, ni recomendar remedios naturales específicos, ya que esto debe estar en manos de un profesional especializado en el tema. Lo que sí quiero es abrir los ojos de las personas para que conozcan que, bajo el sol, hay otras cosas además de los psicofármacos.

Entre las medicinas naturales más usadas se encuentran: la homeopatía, la terapia floral, la fitoterapia, la herboristería y la aromaterapia.

a. Homeopatía

La Homeopatía es una disciplina terapéutica muy orientada hacia la clínica, que utiliza remedios naturales en una preparación infinitesimal que desencadena en el organismo una reacción curativa, comenzando por la exoneración de las toxicidades que la persona fue acumulando a lo largo de su vida y actuando sobre las predisposiciones "miasmáticas" a la enfermedad que cada uno trae al nacer. Como para la Homeopatía no existen enfermedades sino enfermos, lo que se busca es el remedio "similar" a la persona, para administrárselo en potencias progresivas hasta obtener los objetivos buscados.

La Homeopatía brinda una ayuda cierta para trabajar las estructuras básicas de cada paciente bipolar de acuerdo con sus particularidades y singularidades, pero también existen remedios que pueden ser usados sintomáticamente para atender este padecimiento.

En este sentido, la Homeopatía permite reducir la ingesta de remedios psicofarmacológicos, con los beneficios que esto implica para la calidad de vida del paciente.

b. Terapia Floral

En la misma línea que la Homeopatía, la Terapéutica Floral es una técnica basada en preparaciones de esencias florales que han demostrado, clínicamente, actuar sobre las diferentes emociones del hombre. De esta manera, la Terapia Floral brinda al profesional y al paciente un elemento importante para aliviar las causas emocionales de su padecimiento. Tratándose la bipolaridad de una afección esencialmente "afectiva", los remedios florales resultan entonces perfectamente compatibles, ya que equilibran el mundo emocional alterado.

En diferentes partes del mundo se ha realizado prolongadas investigaciones con remedios florales en pacientes depresivos, hipomaníacos y bipolares, con resultados alentadores. De modo tal que esta terapia debería ser muy tomada en cuenta en el momento de armar un plan de acción terapéutico.

Existen numerosos remedios florales y en los últimos años han surgido numerosos sistemas en todo el mundo. Entre los más difundidos están los creados por el fundador de la Terapia Floral, el Dr. Edward Bach, y los producidos por la Flower Essences Service (FES), conocidos como las flores de California. Sin embargo, en los pacientes bipolares ha dado un excelente resultado el uso de fórmulas combinadas especiales y que tienen la ventaja de ser altamente eficaces no sólo para resolver cuestiones sintomáticas y lograr buenos niveles de estabilidad, sino también para ayudar a elaborar los procesos psicológicos de la enfermedad.

c. Fitoterapia

La Fitoterapia, a diferencia de la Homeopatía y las Esencias Florales, posee una base de acción química. Son remedios naturales extraídos de las plantas y preparados como tinturas y que ejercen su acción de acuerdo con los principios activos que poseen. Así, existen remedios fitoterapéuticos antidepresivos, antimaníacos, estabilizadores, ansiolíticos, miorrelajantes, inductores del sueño, etcétera.

Un autor muy reconocido en la Psiquiatría, el Dr. Henri Ey, en su *Tratado de Psiquiatría*, recomienda en varios cuadros clínicos el uso de fitoterápicos.

Dada su naturaleza, estos remedios no poseen efectos secundarios negativos y reemplazan en muchos casos los remedios alopáticos.

Del mismo modo en que en las dos técnicas anteriores, el recurrir a la fitoterapia representa comenzar a recorrer un camino de cura natural, no por esto menos adecuado que la farmacológica no natural. He conocido a pacientes bipolares estabilizados con fitoterapia y dosis muy bajas de remedios alopáticos o sin ingerir ninguno de estos remedios. De manera que sería interesante probar por esta vía, sobre todo tratándose, como en la bipolaridad, de un cuadro crónico.

d. Herboristería

Similar a la terapéutica anterior pero con diferente modo de preparación, la herboristería aporta una ayuda importante. Existen varias hierbas que utilizadas adecuadamente permiten ejercer acciones, en lo que nos interesa, sedativas, miorrelajantes, energizantes, inductoras del dormir y equilibrantes emocionales.

Por otra parte, la herboristería, y en general, todas las fitomedicinas permiten diferentes modos de uso tales como jugos, ensaladas, maceraciones, vinos medicinales, tinturas, infusiones, tes, decocciones, etc., que facilitan, precisamente, la variación en su uso y la potenciación de los efectos al combinar varias formas de ingesta.

La buena administración de esta técnica brinda al paciente bipolar una manera sencilla y natural de contrarrestar o aliviar parte de sus padecimientos sin complicaciones y ni efectos secundarios.

e. Aromaterapia

Otra técnica interesante es la Aromaterapia, que no sólo se utiliza, como es habitualmente conocida, por la vía de la inhalación, sino que también algunos de los aceites esenciales pueden ser ingeridos en una preparación especial.

Se dice que olemos con el cerebro y que la recepción aromática desencadena un proceso que desde el hipotálamo se vierte en cascada sobre todo el sistema hormonal.

Esta disciplina ha demostrado poder realizar importantes aportes para complementar los tratamientos terapéuticos de la bipolaridad, ya sea con esencias relajantes, sedativas, euforizantes o estabilizadoras.

Algunos psicoterapeutas que trabajan con pacientes bipolares desarrollan sus encuentros o sesiones con un hornillo prendido y con el uso de algún aceite adecuado a la necesidad del paciente. Del mismo modo, aconsejan a los pacientes que repitan este procedimiento en sus casas, por ejemplo, cuando se van a dormir utilizar el aceite esencial de *Lavanda* que es un magnífico inductor del sueño.

Sólo quienes han probado esta terapéutica pueden dar cuenta de los beneficios que han obtenido con ella, que si bien es complementaria, potencia la acción de otros recursos curativos.

5. La vía de la acupuntura y la digitopuntura

La medicina tradicional china nos ha legado (entre otras cosas) el arte de estimular ciertos puntos corporales que movilizan respuestas del organismo ya sea con la presión manual, con el uso de agujas o del calor. Estos puntos están descriptos a lo largo de un mapa energético del hombre, que incluye doce meridianos básicos que son vías de circulación de la energía y que en bioenergética corresponden a las líneas de fuerza o circuitos de flujo eléctrico del campo extracelular, denominado por los anglosajones "sustancia amorfa extracelular" y por los alemanes "mesenquina".

Al actuar presionando, clavando o calentando estos puntos se produce un movimiento que reequilibra lo que se encuentra dañado, doliendo o funcionando patológicamente. Por ejemplo, existen puntos que alivian y hasta erradican el dolor de cabeza, o producen anestesia en ciertas partes del cuerpo. Del mismo modo, la Acupuntura y las técnicas similares pueden ser utilizadas con eficacia en pacientes bipolares ya que las alteraciones energéticas de este tipo de padecimiento son muy significativas.

Tengo la experiencia de haber visto a pacientes salir de cuadros depresivos o curar un insomnio pertinaz, o estabilizar sus ciclos pendulares de euforia y tristeza con la Acupuntura. Pero, desde luego, no es prudente afirmar que sólo con la Acupuntura puede curarse la bipolaridad (todas las terapéuticas señaladas aquí son **complementarias**), pero sí sostener que esta disciplina merece ser tenida en cuenta para perseguir ese fin.

6. *La vía de las medicinas naturales no farmacológicas*

Aquí quedan incluidas prácticas como la magnetoterapia, la cromoterapia, la masoterapia, la musicoterapia, etc. No es posible referirnos, en este punto, a cada una de ellas por separado, pero se puede afirmar que todas proveen adecuadas herramientas clínicas de utilidad para lograr mejorías en los pacientes bipolares. A veces resulta conveniente combinar entre sí varios de estos instrumentos, ya que guardan una significativa similitud de principios que hace que, al complementarlos, se potencie la acción aliviadora y curativa.

Existe abundante bibliografía especializada en cada una de estas disciplinas, de modo que el lector puede encontrar allí un buen acercamiento a sus usos y prácticas, aunque siempre es recomendable la consulta con un profesional capacitado en el tema, ya que su inadecuada utilización puede conllevar a resultados adversos.

7. *La vía de la calidad de vida*

Uno de los mejores caminos terapéuticos con que se cuenta, para la recuperación del paciente bipolar, es el establecimiento de un adecuado **plan de calidad de vida**.

El paciente bipolar necesita orden, no rígido, pero muy bien estructurado. El desarrollar espacios sistemáticos y definidos de actividades diarias, el distribuir adecuada y prioritariamente el tiempo son una necesidad que al principio sirve para evitar y controlar la caída en fase de depresión o manía, pero pasado el tiempo se convierte en un hábito altamente positivo.

Este plan de calidad de vida debe incluir:

a. Descanso

El buen dormir, en cantidad y calidad suficientes, es una recomendación fundamental que el bipolar debe cumplir. El insomnio, el mal dormir, el poco descanso son factores irritativos que pueden ser la causa desencadenante de crisis maníacas o depresivas. Por otra parte, en el dormir se elaboran ansiedades, fantasías, miedos; junto con la natural regeneración de la fuerza física, el dormir procura, además, una recuperación emocional.

b. Alimentación

Ya hemos hablado un poco de alimentación. Sólo insistimos en el hecho de que tener una alimentación bien balanceada, a horarios adecuados y rítmicos, le ayuda al bipolar a tener un mejor estado psicofísico que redunda en su bienestar emocional.

c. Ejercicio

La práctica de algún deporte –el caminar o correr todos los días, por ejemplo– también es un factor importante a tener en cuenta. El paciente está en movimiento, quema el exceso de energía, desintoxica el organismo, mantiene la flexibilidad corporal y, sobre todo, promueve una sensación de estar vivo y activo. Por otra parte, el deporte y la gimnasia generan un mayor equilibrio emocional, algo necesario para el bipolar. Así como en la alimentación, en el ejercicio físico debe existir una suerte de disciplina progresiva hasta llevar al paciente a hacer de aquél un hábito cotidiano.

d. Respiración

El dominio de la respiración también es un instrumento terapéutico muy útil. En esta dirección se ha desarrollado una terapéutica, la pranoterapia, que justamente mediante ejercicios respiratorios permite disolver ciertas emociones y estados perturbadores. El aprender a respirar bien ("hasta los pies", como aconsejan los chinos) es, sin duda, un excelente aporte a una mejor calidad de vida.

e. Aire y sol

Estar en contacto con la naturaleza, el verde, el aire puro y el sol es positivo para cualquier persona. La patología bipolar es una manifestación psíquica en la cual estos elementos de la naturaleza juegan un rol protagónico, ya que revitalizan, dinamizan y al mismo tiempo relajan y desintoxican el organismo. En todo plan terapéutico se debe pedir al paciente bipolar que realice alguna actividad al aire libre y tome sol regularmente.

f. Sexualidad

Otra cuestión importante es la vida sexual del paciente bipolar. Por diferentes razones, ésta es nula, poca, insatisfactoria o desbordada. Sin embargo, una buena vida sexual es un factor que disminuye los riesgos y colabora para mantener buenos niveles de autoestima y seguridad personal. Hay que incentivar a los pacientes bipolares al desarrollo de una vida sexual sana y completa (en el marco de un vínculo de pareja adecuado), trabajando con ellos los motivos concretos que les impiden lograrla.

g. Trabajo

El trabajo es, sin duda, una buena herramienta de recuperación. Si es posible, una actividad laboral que responda a los intereses del paciente, pero si no es factible, el solo compás del trabajo ya lo provee de recursos anímicos positivos y le da un cierto ritmo que le es muy necesario mantener. Por otra parte, el trabajar está vinculado aquí no sólo a la independencia material y anímica, sino también a la autoestima.

h. Creatividad

Un elemento significativo es el fomentar en el paciente el que realice alguna actividad creativa con la cual se sienta identificado y que le permita dar rienda suelta –insisto mucho en esto– a sus potencialidades y aptitudes latentes. La creatividad es en sí misma terapéutica, pero además saca al paciente de la rutina y le permite elaborar miedos y ansiedades que de otra manera podrían ir a incrementar los síntomas emocionales bipolares.

8. La vía de la autoayuda

En cierta medida, constituye uno de los pilares de la recuperación del paciente bipolar, aunque **de ningún modo sustituye su tratamiento individual con profesionales idóneos**. Se trata de la existencia de grupos de bipolares que intercambian experiencias, comparten sus vivencias y se ayudan solidariamente en los momentos de necesidad.

Estos grupos sirven también de sostén y de espacio propicio para la reinserción luego de una crisis. En ellos, los pacientes se encuentran con pares que los acompañan en sus recorridos interiores y saben de qué se trata porque ellos han padecido lo mismo. De este modo, se sienten comprendidos y contenidos; descubren que no son los únicos que tienen este padecer ni son muy diferentes del resto de la sociedad. A la vez, la solidaridad les permite recuperar la esperanza de volver a transitar el camino de la vida que creían perdido.

Programas de Autoayuda

De la experiencia en el trabajo de grupos de autoayuda de pacientes bipolares surge una serie de ideas y reflexiones que es necesario considerar en la organización de este tipo de tarea.

En primer lugar, la idea de que **existe una diferencia bien importante entre ayudar y rescatar**. Rescatar es hacerse cargo del problema del otro y buscarle una solución. Esto lo que conlleva es colocarse, justamente, en el lugar de reforzar la patología de dependencia del bipolar. No le aporta a éste un crecimiento cierto, ningún aprendizaje y menos le brinda un empuje hacia la salud. Por el contrario, *ayudar* es estar dispuesto a escuchar y apoyar los procesos personales del otro, cuando sea capaz de pedir ayuda, pero nunca interferir en su vida ni en sus decisiones. Tal vez sea un hilo delgado lo que separe el recuperar del ayudar, pero un hilo decisivo para aumentar o disminuir las posibilidades de cura del paciente.

En segundo lugar, la idea de intensificar la puesta en acción del grupo de autoayuda al bipolar, ya que pareciera que la actividad demasiado intelectiva (cogitativa) aumenta la tendencia a la oscilación. Por otra parte, aunque esto sea cuestionable, el bipolar necesita una cuota de puesta en creatividad y actividad para resolver cuestiones esenciales de su vida, que en general, la vive como derrumbada. Esto implica, por ejemplo, el trabajo comunitario y solidario, hacia afuera o hacia adentro del grupo de autoayuda. Además, esto sería canalizar productivamente el espíritu de servicio, bastante frecuente, que puede descubrirse entre los pacientes bipolares.

En tercer lugar, la idea de que hay que dotar al paciente bipolar de una serie de herramientas básicas para su propia autoayuda. Por ejemplo, técnicas de autoobservación, de respiración, de relajación, que puedan ser utilizadas para obtener resultados paliativos en momentos de crisis o para coadyuvar a los tratamientos de base que esté realizando.

Finalmente, la idea de que hay que insistir también en la formación de la conciencia de salud junto a la de la conciencia de enfermedad, ya que muchas veces los grupos acentúan sólo los aspectos negativos y peligrosos de la enfermedad, olvidando el navegar por las potencialidades y posibilidades de cada quien y de sus verdaderos anhelos de cura.

Con todas estas ideas en mente (enriquecidas, además, por valiosas reflexiones ajenas que cito al comienzo de cada punto siguiente), he diseñado **una estructura general para los grupos de autoayuda de pacientes bipolares,** que utilizo desde hace años.

Este esquema puede describirse del siguiente modo:

1) Etapa de partida
"La aceptación incondicional del otro significa un respeto ilimitado sin reservas y sin prejuicios" (H. Kesselman).

Se realiza una entrevista individual con la finalidad de conocer las posibilidades de que la persona pueda integrarse al sistema de trabajo de los grupos de autoayuda, los riesgos de su cuadro clínico y tener noticias de su historia y de su situación. Al mismo tiempo, informarle sobre cuáles son los objetivos, límites y posibilidades de los grupos.

2) Grupo de inicio
"Somos más que otra cosa, simplemente humanos" (H. S. Sullivan).

Su duración es de cuatro reuniones. Sus objetivos son trabajar sobre la conciencia de salud y enfermedad de cada persona y la conciencia de sus recursos y potencialidades. Se centra el interés sobre cuatro ejes y cada participante busca responder a cada uno de ellos de manera personal. Éstos son:

• **Lo que sé de mí.**

¿Quién soy? ¿Qué vida tengo? ¿Qué hago? ¿Qué cosas siento? ¿Adónde quiero ir? ¿Qué espero?

• **Lo que sé de mi padecer.**

¿Qué me pasa? ¿Cuándo empezó? ¿Por qué empezó? ¿Qué efectos tuvo en mi vida? ¿Qué signos de alarma tengo? ¿Qué tratamientos hice? ¿Qué tratamientos hago? ¿Qué perspectivas veo?

• **De qué recursos dispongo.**

¿Con qué cuento y para qué? Familia, pareja, amigos, dinero, trabajo, estudio, etcétera.

• **Lo que puedo hacer por mí.**

Tratamientos posibles, proyecto de vida, afectos para rescatar, relaciones para reparar, calidad de vida, creatividad, expresividad, etcétera.

3) Grupo de herramientas

"El paciente antes de un objeto a cambiar es una persona a aceptar" (R. Laing).

Sus objetivos son trabajar sobre ciertas áreas críticas y aprender herramientas para enfrentar las crisis, los malestares propios o de otros compañeros de camino. Su duración es de doce reuniones. Los temas que se abordan son: autoestima, dependencia, lazos que atan, orfandad, volver a producir y crear, mi familia y mi pareja. Las herramientas que se enseñan: calidad de vida, alimentación, respiración, relajación, meditación, expresión corporal, expresión plástica, digitopuntura de ayuda, ejercicios de gimnasia consciente, remedios naturales de auxilio, cambio de creencias y de vida, comunicación de ayuda.

4) Grupo de proyecto de vida
"Sólo el que tenga un porqué para vivir puede soportar casi cualquier cosa" (F. Nietzsche).

Su objetivo es repensar qué hacer de aquí en más, no *a pesar de* la bipolaridad sino *a partir de* ella. La idea es trabajar sobre la construcción de un proyecto de vida factible, creíble y gratificante. Su duración es de doce reuniones y los temas que se trabajan son: relaciones afectivas, sexualidad, trabajo, creatividad, tratamientos, tiempo libre, actividad de servicio.

5) Grupo de crecimiento
"Nunca hemos pretendido haber alcanzado la cima del saber ni del poder y, ahora, como antes, estamos dispuestos a reconocer las imperfecciones de nuestro conocimiento" (S. Freud).

Éste es el grupo final, sin tiempo de duración, y es el espacio donde, a medida que cada persona se va integrando, realiza su balance del recorrido por los grupos anteriores en función de su plan de vida; le sirve de sostén y apoyo ante cualquier situación de crisis, le da contención emocional y la motiva a seguir adelante. Por otra parte, en este momento aquellos que lo desean pueden realizar un seminario de entrenamiento para poder, uniendo experiencia y formación, convertirse en orientadores y coordinadores de grupos de autoayuda en sus diferentes niveles.

Lo importante de esta propuesta no son sus aspectos técnicos sino la filosofía que la alienta, que apunta a la no dependencia, la autonomía, la creatividad y la libertad del paciente bipolar. Después de todo, aunque la carencia afectiva que origina la bipolaridad tal vez no pueda ser cubierta, sí **se puede** ir aprendiendo paulatinamente a sentir con el cuerpo, a expresar los afectos y a ser un poco más libre cada día.

---

9. Consideraciones finales

Existen muchas otras técnicas terapéuticas. Lo importante es tener claro que todas pueden ayudar y que a veces la combinación complementaria de algunas permite una mejor y más efectiva recuperación. En ese sentido no hay que perder de vista que cada persona es un universo singular y que hay que acomodar la elección de las vías terapéuticas a la realidad de cada una. El fin, en todas, es el mismo anhelo: aliviar el dolor, curar la enfermedad. No existe conflicto entre ellas, sólo en la mente de quienes las usan, que a veces olvidan que su tarea no es perfeccionar una disciplina sino estar al lado del que sufre.

Ocurre con las terapéuticas lo mismo que con la economía de algunos países: las variables macroeconómicas son una maravilla pero la gente sufre privaciones. A veces los economistas se olvidan de que el principio y no sólo el fin de su ciencia es el hombre y que si sus recetas no sirven para darle mayor bienestar sus visiones están erradas. Del mismo modo, una terapéutica puede ser maravillosa en teoría, pero hay que ver cómo funciona en cada persona y si aporta el bienestar que ésta anda buscando.

EPÍLOGO

"*Era el mejor de los tiempos, era el peor de los tiempos... era la estación de la luz, era la estación de la oscuridad, era la primavera de la esperanza, era el invierno de la desesperación...*" (Charles Dickens). Así me siento al terminar este libro.

Y a medida que me acerco al punto final del texto, voy pensando que **la poesía y la bipolaridad tienen en común tramos de existencia compartida**. No he sabido cómo incluir, a lo largo del libro, esta reflexión. Es algo que dejo pendiente para desarrollar en otro trabajo sobre el tema.

No obstante, aquí y ahora deseo expresar que, cuando me conecto con la fibra bipolar que hay en mí, puedo también navegar por una escritura más plástica y poética. Pero, entonces, surge un desencanto: al bucear por esos senderos se despiertan voces dormidas, cuya velada presencia en mi interior preferiría ignorar...

Al terminar esta relectura sobre bipolaridad y, sobre todo, al releer esas otras líneas ajenas, en donde el cincel poético ha machacado en breves palabras sobre puntos esenciales de mi discurso –y de las que me he servido como nuevos epígrafes para esta obra– se desatan tempestades en mi alma. Con cada epígrafe, vuelven recuerdos, dolores, sollozos... y mi sensibilidad se estruja.

Me sucede siempre: ante la poesía verdadera, me conmuevo hasta lo más visceral de mi ser, y entonces siento deseos de expresarme por escrito, y escribo, aunque sean textos "sólo para mis ojos".

Es como una terapia que transito. En mi caso, es la escritura; para otros, será pintar, cantar, moldear formas...

Me doy cuenta de que tengo detenidas muchas cosas que no he podido decir por falta de palabras, pero que otros dijeron sabiamente por mí. Ahora esas "cosas" las leo aquí, en cada cita elegida para precisar –y embellecer– mis propias ideas, y me embargan de emoción.

Varias investigaciones contemporáneas muestran **una conexión íntima entre la bipolaridad y la creatividad artística**; esta relación se basa, por una parte, en los procesos y estrategias cognitivas propias del bipolar, y por otra, en la riqueza que aportan a la conciencia las vicisitudes y variaciones del entretejido emocional, que llamo "talento de matices" y que es una cualidad muy propia de estas personalidades. Sin embargo, ocurre que cuando un terapeuta ve signos de inquietud, expansividad, agudización y rapidez perceptiva, intensidad emocional, pensamientos diversos y hasta extravagantes, rapidez asociativa, capacidad de unir entre sí cosas diferentes, y clasifica estas conductas como "fase maníaca" de este trastorno, **está considerando sólo un aspecto de la tormentosa pero potencialmente rica personalidad de ese paciente**.

Por esta línea de pensamiento, la Psiquiatría suele establecer una aseveración según la cual tanto en la locura como en la inestabilidad emocional pueden incrementarse las funciones creativas. Vale la pena recordar que no es la locura lo que hace creativo a un hombre; no por ser loco es creativo. Es la creatividad mal encaminada, detenida o sofocada la que se hace locura.

Hay tres hechos fundamentales que vale la pena recordar aquí:

---

1) **El bipolar posee el don de la creatividad y es, precisamente, afirmando el talento como su salud puede ser alcanzada.**

Ahora bien, sucede que la estrategia terapéutica habitual con el bipolar es lograr que éste alcance la estabilidad emocional a cualquier precio; a tal punto es así, que si se consulta la bibliografía correspondiente, se verá allí que los remedios estabilizadores son considerados indispensables en todo tratamiento.

Muy poca gente le dice al bipolar: "sea creativo"; por el contrario, se le dice una y otra vez: "sea estable, no se mueva" y además se le señala, enfáticamente, que su inestabilidad emocional es una desventaja. En consecuencia, se propone un plan terapéutico que mata en el paciente bipolar su auténtico crecimiento como persona y lo condiciona a una quietud que anula toda oscilación. Esta búsqueda de estabilidad se va aprendiendo como un patrón de conducta desde la infancia. Al niño bipolar se le ordena en forma constante: "quédate quieto, no te muevas, no vueles" y delante de él se comenta: "este chico es muy imaginativo", como si esto fuera un disvalor o una "desgracia" para él y su familia.

---

2) El bipolar experimenta los pensamientos como realidades. El cuerpo deja de sentir lo que sus sentidos están percibiendo y siente lo que el bipolar está *pensando*.

Para los padres del futuro bipolar esto es perturbador, y entre ellos y el colegio le van bloqueando al niño esta capacidad de pensar en imágenes (a razón de treinta y dos imágenes mudas por segundo). Y cuando **el chico, que vive la realidad que piensa como** *evidente*, expresa malamente lo que le pasa, los padres le dicen: "habla claro, no te entiendo, eres muy confuso, estás en las nubes". El choque entre esta plasticidad creativa y la respuesta habitual del entorno hace que el chico se sienta incomprendido y como respuesta ante la confusión que esto le provoca "se mete para adentro" y oscila pero, ahora, patológicamente.

El mensaje que recibe es que oscilar es malo. Lo interesante es que el mandato: "no osciles, tienes que ser estable" conlleva un concepto que él no puede comprender. Entonces, ante el desconcierto que esto le causa responde justamente con lo contrario: más inestabilidad, agravada por el hecho de que lo convencen de que "oscilar es malo" y que las terapéuticas prolongan su padecer por medio de una estrategia que se basa en alcanzar "estabilidad" como un valor de vida. "La estabilidad lo salvará."

---

3) **El paciente bipolar es creativo gracias a su oscilación, pero no como un epifenómeno causado por su trastorno de conducta, sino que bipolaridad y creatividad están unidas en una estructura solidaria de organización psíquica en donde el talento creativo dormido, mal encaminado, sofocado o reprimido grita su enojo y su desacuerdo por medio del subibaja de la inestabilidad emocional.**

Por otra parte, la creatividad del bipolar se acrecienta por su capacidad intuitiva, por el pensamiento en imágenes y multidimensional que posee, por la curiosidad y el espíritu de aventura que lo animan, y por esa particularidad de poder tomar contacto con una incomparable fineza de matices afectivos que lo torna, cuando está bien aspectado, en un excelente comunicador, un intenso creador y un eficiente psicoterapeuta.

Pero **para desplegar todo su talento el bipolar tiene que poder oscilar.** Si se lo priva de esto, en vez de ayudarlo a sanar se le incrementa su padecer, y la ciencia, en vez de admitir su fracaso con este enfoque, prefiere sostener que es el paciente el que fracasa. Surge entonces la creencia de la incurabilidad bipolar. Y las creencias son hábitos sobre los cuales ya no reflexionamos.

Pero, si despertamos de este estado científico comatoso, nos damos cuenta de que **la bipolaridad revela al hombre su propia**

condición humana olvidada. **En cierta medida, el hombre se mira y se descubre a sí mismo en el espejo de la bipolaridad**, ya que ella nos enfrenta ante la permanencia del cambio y la fragilidad de los logros de la existencia.

El obsesivo o el paranoico no modifican, no poseen devenir, son fijos e inmutables. Por el contrario, el bipolar va y viene, nunca es igual a sí mismo, pero su ciclicidad no hace otra cosa que exagerar los ritmos naturales de la vida y de la historia. **El desenlace de esta dialéctica no puede consistir en suprimir la alternancia para tranquilizar las conciencias terapéuticas, sino en ayudar a transformarla en un movimiento equilibrado y poderosamente creativo.**

Mi fe en la cura de la bipolaridad esta puesta ahí, en ese camino.

En un próximo libro, que estoy cerrando en estos días, al mismo tiempo que paso revista a las diferentes posibilidades terapéuticas (actualizadas), desarrollo una estrategia de sanación (fundada en la experiencia personal y como terapeuta), cuyos principios podría resumir –especialmente, para todo lector bipolar– del siguiente modo:

- **Oscile, y al oscilar, sea creativo.**
- **Deje fluir su intuición.**
- **La estabilidad no es lo importante, sí la proporción.**
- **La inestabilidad no es una desventaja.**
- **Usted posee el don creativo; si permite que salga a la luz, tendrá posibilidad de dejar de ser bipolar.**
- **Para comenzar su proceso de sanación sólo necesita un punto de referencia que no está afuera sino dentro de usted mismo.**
- **La bipolaridad es una oportunidad.**
- **La bipolaridad es un camino.**
- **La bipolaridad es un don.**

Y créame, estimado lector, **sé con el pensamiento, con el alma y con el cuerpo** *de qué estoy hablando.*

BIBLIOGRAFÍA

COPELAND, Mary Ellen, *Venza la depresión*, Madrid, Robin Books, 1992.

EY, Henri, *Tratado de psiquiatría*, Madrid, Toray-Masson, 1969.

FENICHEL, Otto, *Tratado psicoanalítico de las neurosis*, Buenos Aires, Paidós, 1963.

GOLD, Mark, *Buenas noticias sobre la depresión*, Buenos Aires, Javier Vergara, 1987.

GRECCO, Eduardo H., *Psicopatología y psiquiatría general*, Buenos Aires, Bonus, 1977.

——, *Síndrome distímico*, Buenos Aires, CEA, 1985.

——, *Los afectos están para ser sentidos*, Buenos Aires, Continente, 1997.

——, *Muertes inesperadas*, Buenos Aires, Continente, 1998.

KUIPER, P. C., *Teoría psicoanalítica de las neurosis*, Barcelona, Herder, 1972.

MARQUES, Ramón, *Tratamiento natural de la depresión*, Barcelona, Índigo, 1990.

RETAMAL, Pedro, *Enfermedad Bipolar. Guía para el paciente y las familias,* Santiago de Chile, Mediterráneo, 2001.

VIETA PASCUAL, E., *Los trastornos bipolares,* Barcelona, Springer-Verlag, 1997.

——, *Abordaje actual de los trastornos bipolares,* Barcelona, Masson, 1999.

ZAX, Melvin, *Psicopatología*, México, Interamericana, 1979.

ÍNDICE

ÍNDICE

Si usted desea contactarse con **Eduardo H. Grecco:**
eduardohoraciogrecco@gmail.com